荒井 紀一郎

参加のメカニズム

―民主主義に適応する市民の動態―

木鐸社

目 次

第1章 本書の目的と意義 …………………………………9
 1.1. 政治参加研究のアプローチと本書の意義 …………………10
 1.2. 投票参加のパラドックスと社会的ジレンマ …………………12
 1.3. 実証研究における問題点 …………………………………14
 1.4. 本書の構成 …………………………………………………15

第2章 政治参加の種類 …………………………………19
 2.1. 政治参加の定義と種類 …………………………………19
 2.2. 政治的活動への市民の参加経験 …………………………21
 2.3. 参加の「難易度」…………………………………………28
 2.4. 政治参加と動員 …………………………………………34
 2.5. 政治参加と市民の意識 …………………………………36
 2.6. まとめ ……………………………………………………39

第3章 政治参加の理論 …………………………………41
 3.1. 社会学モデル ……………………………………………42
 3.2. 心理学モデル ……………………………………………48
 3.3. 経済学モデル ……………………………………………51
 3.4. 習慣的投票者と強化学習 ………………………………57
 3.5. まとめ ……………………………………………………61

第4章 強化学習モデルにもとづく有権者の投票参加 ……63
 4.1. 強化学習とシミュレーションアプローチ …………………64
 4.2. ファウラーの投票参加モデル ……………………………66
 4.3. 投票率，個人の行動と選挙結果 …………………………68
 4.4. 予測力の比較 ……………………………………………78
 4.5. まとめ ……………………………………………………83

第5章 経験とその評価にもとづく有権者の政治参加 ……85
 5.1. 仮説とデータセット ………………………………………86

 5. 2. モデルと推定方法 …………………………………………89
 5. 4. 推定結果 ……………………………………………………94
 5. 5. 市民の非同質性と動員 ……………………………………97
 5. 6. 投票参加に対する動員の因果効果 ……………………101
 5. 7. まとめ ……………………………………………………106

第6章 学習が生み出すもの ………………………………………109
 6. 1. 実験1：集団に対する帰属意識と政治参加 …………110
 6. 2. 複数の帰属意識と政治行動 ……………………………112
 6. 3. 実験1のデザイン ………………………………………114
 6. 4. 実験1の結果 ……………………………………………119
 6. 5. 実験2：学習によってもたらされる政治的態度 ……123
 6. 6. 実験2のデザイン ………………………………………125
 6. 7. 実験2の結果 ……………………………………………128
 6. 8. まとめ ……………………………………………………134

第7章 結論 …………………………………………………………137
 7. 1. 本研究によって明らかになった知見 …………………138
 7. 2. 学習する市民 ……………………………………………142
 7. 3. 今後の課題 ………………………………………………144

補　遺 ……………………………………………………………………147
 A．シミュレーションの種類と特徴 …………………………147
 B．実験1「インターネットによる会社員の政治意識調査」
   の概要と質問項目 …………………………………………153
 C．実験1で回答者に割り当てた画面 ………………………155
 D．実験2「世論と意思決定に関する調査」の概要と質問項目 ………157

参考文献 …………………………………………………………………170
あとがき …………………………………………………………………178
索引 ………………………………………………………………………183

図表目次

表一覧

表2-1	日本における市民の政治参加率推移	23
表2-2	政治的活動の困難度と識別力（1996年-2009年）	29
表2-3	被動員経験率	35
表2-4	2000年総選挙時における参加依頼拒否率	35
表2-5	政治的活動に対する受容度・忌避態度	36
表2-6	過去の政治参加経験に対する評価	38
表2-7	参加経験に対する評価と回答者の属性についての相関	38
表2-8	参加経験に対する評価と職業とのクロス表	39
表4-1	投票コストと平均投票率（Fowler's Model）	68
表4-2	投票コストと平均投票率（修正モデル）	74
表4-3	最初の投票経験と最後の平均投票確率	75
表4-4	連勝回数と年代別投票確率	76
表4-5	予測力の比較	82
表5-1	分析に用いた各変数の記述統計	91
表5-2	ゼロインフレイテッドポワソン回帰分析（従属変数：2000年総選挙時の政治参加項目数）	94
表5-3	推定に用いた変数一覧	105
表5-4	動員が投票参加に与える因果効果	106
表6-1	党派・実験処理別の党派ID強度の変化（平均構造共分散分析）	119
表6-2	実験処理別投票参加状況	122
表6-3	実験群一覧	125
表6-4	投票パターンとシステムサポート（政党）	130
表6-5	投票パターンとシステムサポート（選挙）	132
表6-6	投票パターンと民主主義に対する満足度	133
表7-1	分析結果のまとめ	143

図一覧

図2－1　1人あたりの政治参加項目数 …………………………………25
図2－2　政治関心と調査への協力（Waseda-CASI & PAPI2009）………27
図2－3　1次元性の確認（スクリープロット 1996年－2009年）………29
図2－4　項目特性曲線（ICC）…………………………………………31
図2－5　調査年ごとの回答者特性値 ……………………………………33
図3－1　西澤（2004）による投票外参加モデル ………………………50
図4－1　強化学習による投票参加モデル ………………………………65
図4－2　有権者の投票回数 ………………………………………………69
図4－3　ファウラーモデルのシミュレーション ………………………70
図4－4　党派別投票回数分布 ……………………………………………70
図4－5　修正モデルのシミュレーション ………………………………73
図4－6　党派別投票回数（修正モデル）………………………………74
図4－7　最初の投票経験と最後の平均投票確率 ………………………75
図4－8　支持政党の連勝回数と世代別投票率 …………………………76
図4－9　強化学習と周囲への適応がもたらすシステムへの影響 ………77
図5－1　過去の政治参加経験とその評価が2000年総選挙での
　　　　政治参加に与える影響 …………………………………………95
図5－2　過去の政治参加経験に対する評価と選挙時の動員が
　　　　2000年総選挙での政治参加に与える影響 ……………………96
図5－3　観察値と推定値の比較 …………………………………………98
図5－4　被動員頻度と2000年総選挙での政治活動に
　　　　まったく参加しない確率 ………………………………………99
図5－5　政党支持態度と2000年総選挙での政治活動に
　　　　まったく参加しない確率 ………………………………………99
図6－1　調査実験1のフロー …………………………………………116
図6－2　平均構造共分散分析のパス図 ………………………………120
図6－3　無作為に割り当てた党首選挙の情勢に関する情報 …………126
図6－4　選挙結果・回答者選択・実験条件別にみた
　　　　選挙結果に対する納得度 ………………………………………129

参加のメカニズム

－民主主義に適応する市民の動態－

第1章　本書の目的と意義

　選挙での投票をはじめとして，政党や候補者への人的・経済的支援，署名活動や市民運動への参加といった様々な政治的活動に対する市民の参加は，政治システムに対してそのシステムの構成員である市民の選好をインプットする機能を果たしており，市民による政治参加はいわば現代の民主主義の基盤である。したがって，「誰が参加するのか」という問いに答えることは，政治システムに対してどのようなインプットがなされているのかを明らかにすることを意味し，これまで政治学では国内外を問わず様々なアプローチから政治参加を説明することが試みられてきた。本書の目的は，これまでの政治参加研究で取り上げられてきたモデルよりも動態的（dynamic）なモデルを構築し，そのモデルの妥当性を実証することによって，市民が政治的な活動に参加するメカニズムを明らかにすることにある。具体的には，強化学習という理論的枠組みに基づき，シミュレーション1や実験といった様々な方法を用いて分析するこ

　1　ここでのシミュレーションとは，数理モデルをコンピュータを用いて

とで，新たなアプローチから政治参加を説明していく．

1.1. 政治参加研究のアプローチと本書の意義

まず，これまでの政治参加研究のアプローチとその問題点を整理することからはじめよう．市民の政治参加を説明する代表的なアプローチは，以下3点にまとめられる．第1に，政治エリートや市民が属している社会集団などからの動員を政治参加の主な要因とする社会学的なアプローチが挙げられる．第2のアプローチは，各有権者が政府に対してどの程度影響を及ぼすことができると考えているかを示す政治的有効性感覚や，公的な手段を用いることを避けようとする（政治的）忌避態度など，個人の心理的な態度によって政治参加を説明しようとする心理学的アプローチである．そして第3に，政治参加研究のみならず，現在の政治過程論・政治行動論に対してもっとも大きな影響を与えたアプローチとしては，個人が得られるであろう利得と必要なコストを効用関数にもとづいて計算した上で，自らの行動を決定するという理論的前提をもとに，非常に精緻なモデルを構築してきた経済学的アプローチがある．

これら既存のアプローチによる政治参加研究は，今日までに相当の蓄積があるが，それぞれ理論的，実証的な問題点を抱えている．そして，現在のところ，これらの問題点の根本的な解決はなされていない．まず，社会学的なアプローチでは，個人の社会経済的な属性や所属集団，地域などに分析の焦点が当てられるため，個人の参加に至るまでのメカニズムが非常に曖昧に扱われてきたという問題をかかえている．したがって，社会学的なアプローチから導き出す予測は静態的（static）で，個人が政治的活動への参加を決める過程と，その結果としてもたらされる社会全体の変化とのあいだを動態的に捉えることができないのである．また，

分析することをさす．本書では，数値シミュレーションとマルチエージェントシミュレーションを用いる．なお，政治学におけるシミュレーションの用いられ方については，補遺Aに記した．

心理学的なアプローチでは，政治参加に密接に関連する人間の様々な心理的態度が存在することが提起され，主に世論調査データを用いた計量分析によってそれらの態度が投票参加に影響を及ぼしていることが検証されてきた。しかしながら，Plutzer (2002) でも指摘されるように，これらの態度の理論的位置づけあるいはこれらの態度間の関係性は，必ずしも明確にされていない。さらに，実証研究において数多くの心理的態度を組み込んだモデルでも，その説明力が非常に弱いことも大きな課題である。

もっとも大きな未解決の課題を残しているアプローチが，経済学的なアプローチである。なぜなら，このアプローチによる政治参加の理論やモデルの多くによると「合理的な市民」の大部分が政治的活動には参加しないということが理論的帰結として導かれる一方で，現実の社会では多くの市民が投票をはじめとした様々な政治的活動に参加しており，理論と現実との乖離が非常に大きいからである。この問題は「投票参加のパラドックス」――英語では "Paradox of Voter's Turnout" あるいは "Downs Paradox"――と呼ばれ，これまで数多くの研究者によってモデルの修正が試みられてきたが，根本的な解決には至っていない。さらに，経済学的アプローチによる政治参加研究では非常に精緻なモデルが構築され，多くの理論的貢献がなされてきたが，これらの理論の前提となっている個人の合理性についての前提が，近年の実験経済学の急速な発展もあって現実の人間像と乖離している可能性が高いことも明らかになっている。

これまでに挙げた各アプローチの問題点は，実は政治参加研究に限ったことではなく，政治行動論・政治過程論全体にも当てはまることである。政治的な主体（アクター）の活動を動態的に分析することを目的とした政治過程論・行動論は，実証方法としての計量分析手法の発達とともに第2次世界大戦以後大きく発展してきたが，今日，新たな理論的枠組みとその理論を実証するための手法が求められているといえる。

政治参加のより動態的なモデルを構築し，そのモデルの妥当性を実証するにあたって，本書では政治参加のメカニズムを市民による自己を取

り巻く環境への適応的な行動として捉え，「選挙制度などの政治制度やソーシャルネットワークなどの社会的な制度」と，「市民の過去の政治参加経験とその経験に対する評価」との相互作用によって説明する。より具体的には，適応的な合理性（Adaptive Rationality）をもつ市民の政治参加メカニズムを表すエージェントベースドモデルを構築し，シミュレーション，世論調査，そして実験を組み合わせることによってモデルの妥当性を検証する。本書が構築しようとするモデルは，アクターである有権者同士のみならず，アクターとそのアクターを取り巻く環境，すなわち有権者とその有権者が属する社会の制度や情勢を内生的に扱うことができるものであり，国や地域によって説明に用いられるモデルが異なっていたこれまでの政治参加研究よりも，より一般的なモデルの構築に貢献できると考えられる。

　上述したように，市民による政治参加は民主主義システムが機能するための重要な要素である。個人の意思決定と社会における制度・環境との相互作用を捉えようとする新たな理論的枠組みに基づき，新たな実証手法である実験とシミュレーションを用いることによって，これまでの政治参加研究が抱えてきた問題を克服することができれば，そこで得られた知見は単に「有権者の行動パターン」を明らかにしたというにとどまらず，有権者の選択の帰結である議員や政党，政府における意思決定過程や政治制度など，民主主義システム全体の理解に対しても寄与するものであると考えられる。次節では，先に述べた投票参加のパラドックスという政治参加研究が避けて通れない問題について詳述する。

1.2. 投票参加のパラドックスと社会的ジレンマ

　投票参加のパラドックスとは，合理的な有権者は選挙で棄権するはずという理論的帰結がもたらされるにもかかわらず，実際の選挙では多くの選挙において過半数の有権者が参加しており，理論的予測と現実とが乖離していることを指す。投票参加は，様々な政治的活動の中でも参加するのにかかるコストとリスクが最も低いものである。ところが，自ら

の効用を最大化する合理的な有権者を仮定すると，自分の投じる1票が選挙結果に影響を及ぼす確率は非常に小さいため，参加することによって得られる利得よりもコストが上回ってしまう。このとき，選挙区の規模が大きくなればなるほど，棄権したほうが得られる利得が高くなる。

多くの有権者がコストを払って参加することによって維持される選挙の代表性は，民主主義システムにおける公共財にほかならない。したがって，このパラドックスを解明することは，単に理論と現実とを一致させるということにとどまらず，民主主義システムそのものを成り立たせる人間の行動メカニズムを明らかにするという意味をもつ。実際，投票参加のパラドックスは，より一般的な社会的ジレンマの一形態として位置付けることができる。ここで，社会的ジレンマとは，ある集団に属していて，協力するかどうかを選択することができる個人にとって，集団内の他のメンバーがどのような行動を選択したとしても，その個人は非協力を選んだ方が高い利得が得られるが，メンバー全員が自身にとって有利な非協力を選択した場合に得られる利得は，全員が協力を選んだ場合に得られる利得よりも低い，という状態をさす（Dawes, 1980）。選挙における有権者は社会的ジレンマ状況に置かれているにもかかわらず，多くの有権者が協力行動を選択することによって，選挙における代表性という公共財が供給されているのである。

社会心理学では，社会的ジレンマ状況下での人間の協力行動を「互恵性」や「社会規範」などによって説明しようとする研究が数多くある。しかし，選挙における投票参加は，「互恵性」や「社会規範」で説明することは難しい。互恵性が成立するには，誰が公共財を提供しているのか，いいかえれば，誰が投票しているのかという情報が集団内で共有されていなければならない。秘密投票が原則として保障されている選挙では，互恵性は成立しえない。また，社会規範と投票との関係は，因果の向きが逆である可能性が高い。すなわち，ある地域で「選挙では，投票するべきである」という社会規範が醸成されることで，その地域の投票率が高くなると考えるよりも，その地域の人々の多くが，継続的に投票所に足を運ぶことによって，「投票に行くべき」という規範が地域の中で醸成

されていくと考える方が，より自然である。加えて，一旦地域の中で形成，あるいは共有された社会規範が，選挙ごとに変動するとは考えられず，社会規範では投票率の変動を説明できない。このように，投票参加のメカニズムを解明することは，社会的ジレンマ状況下の人間による協力行動を説明しうる新たな要因を見出すことにもつながる可能性がある。

1.3. 実証研究における問題点

　政治参加研究は，上述してきたような理論的問題に加えて，実証面においても課題が多い。たとえば，この分野の実証研究では，それぞれ異なる理論に基づいて，市民の社会的属性，社会関係資本（Social Capital），市民の意識・態度といった要因に着目する研究がなされてきた（山田，2004）。これらの研究が進むにつれ，政治参加を説明しうる要因の数は増えているが，多くの実証研究における統計モデルの説明力は非常に低い。また，様々な要因をその時代の最新の統計モデルに投入しても，説明力が一向に上がらないという指摘もある（Plutzer, 2002）。さらに，こうした実証研究の中には，相互に矛盾した結果を導いているものも多く，それらの矛盾は解決されていない。たとえば，政治エリートからの「動員」は政治参加の大きな要因であることを示す研究が多くある一方で（西澤，2004など），多くの有権者は仮に様々な政治的活動への参加を依頼されてもそれを拒否していることを示す研究もある（荒井，2006；山田，2004）。政治エリートからの動員が参加の大きな要因であるとするならば，動員を拒否しない要因を明らかにする必要があるが，いずれにせよこうした矛盾は，有権者サイドで働いている心理メカニズムをあらためて解明しなければならないことを示唆している。

　政治参加の実証研究には，もうひとつ大きな問題点がある。上述したように，実証研究ではこれまで様々な心理的態度が測定され，それらの態度が相互に政治参加に影響を及ぼしていることが明らかにされてきたが，これら複数の心理的態度がどのような関係にあるのか，あるいはある態度と別の態度との相互作用の有無などは明らかにされていない。統

計モデルにおいても，これらの心理的態度間の関係や相互作用は組み込まれてこなかった。このことが，統計モデルにおける説明力の弱さをもたらしている可能性があるのだが，これまでの実証研究の多くが学術世論調査を用いた計量分析であったために，各心理的態度が政治的活動への参加に与える因果効果を測定することは困難である。結果として，先行研究によって影響が確認された全ての心理的態度を独立変数として統計モデルに組み込むという傾向があった。このような統計モデルは，独立変数同士の理論的な関係性が考慮されていないため，仮に研究者が新たに投入した心理的態度が，統計的に有意な影響を及ぼすという推定結果が得られたとしても，その研究者が立てた仮説が正しいと検証されたことにはならない。

　この問題を解決するための有効な方法のひとつは，実験または実験的手法を導入することである。心理学においては，実験研究は主要な実証のための手段として以前から採用されており，近年では経済学をはじめとした社会科学の領域においても様々な実験研究がおこなわれるようになっている。実験研究の最大の長所は，被験者を無作為に割り当てることによって因果効果を正確に測定することができる点にある。心理学と経済学とでは実験デザインや実験結果の評価基準が異なり，様々な議論が交わされているが，徐々に共通の指針が構築されつつあり，またそれと同時に実験法は着実に方法論的に洗練されてきている（渡部・船木，2008：93－117）。本書では，動員の政治参加に対する因果効果をこれまでの世論調査データを用いつつ，実験的手法を用いることによって測定する。また，有権者が属する集団と政治参加の関係を，調査実験（Survey Experiment）を導入することによって明らかにする。

1．4．本書の構成

　本書の構成は，以下の通りである。まず，第2章では政治参加の定義や活動の種類について整理し，次いで過去日本で実施されてきた世論調査データを用いて市民の政治的活動への参加状況や動員経験，政治参加

に対する市民の意識について示すことで，政治参加の全体像を把握する。これまでに実施されてきた調査データの分析によって，以下の点が明らかとなる。①1970年代－2000年代において，さまざまな種類の政治的活動への参加率やその活動に関わりたいかどうかを示す参加志向率，参加するように依頼されたかどうかを示す動員率など，政治参加に関する有権者の行動パターンや意識の分布は安定している。②投票とそれ以外の政治的活動への参加には参加率に大きな隔たりがあり，国政選挙での投票参加率が1970年代－2000年代において約60％－70％であるのに対し，投票以外の政治的活動の参加率は一貫して10％－30％前後で一定している。③投票以外で，有権者が今後その活動に関わりたいかどうかを表す参加志向率が最も高かったのは，ボランティア活動や住民運動で約20％である一方，選挙活動の手伝いや後援会への加入など，選挙関連の活動に対する志向率は10％に満たない。

以上のことから，その時々の選挙や政治的イベントがもたらす個々の要素とは別に，市民が政治的活動に参加するに至るより一般的なメカニズムが存在することが確認される。このことは，第3章以下の分析で用いる世論調査データが，質問項目やパネルの制約から限定されているものの，そこから得られる知見は十分に一般性を備えたものであるといえる。

第3章では，政治参加を説明するこれまでのモデルについてさらに細かく検討し，これらのモデルの問題点を挙げたのち，本書で提起する強化学習にもとづく新たな参加モデルを解説する。第4章では，この強化学習による政治参加モデルの妥当性をコンピュータによるシミュレーションによって検証する。具体的には，市民が自身の行動と選挙結果をもとに学習しながら適応的に参加／不参加を決定していくモデルを構築し，シミュレーションによって有権者の投票確率と支持政党の勝敗との関係や，選挙結果が与える影響の大きさと有権者の年齢との関係などについて分析をおこなう。その結果，従来の政治参加を表す数理モデルよりも，新たなモデルの方が実際の調査データとの一致度が高く，正確な予測ができることがわかる。また，有権者の若い時期（選挙権を得た最初の選

挙）での投票経験と支持政党の連勝がその後の参加に大きな影響を与えている可能性があることを示す。

　第4章のシミュレーションによって得られた理論的予測をもとに，第5章では市民の投票以外の政治的活動への参加経験とその活動に対する評価に着目し，これらの要素が市民のその後の活動に及ぼす影響をパネル世論調査データによって分析する。過去の経験をモデルに組み込むことで，参加経験のある市民と経験のない市民との政治的活動への参加に至るメカニズムの違いを示す。さらに，分析の視座に時間軸を取り入れることで，動態的な分析をおこない，参加経験に対する評価も考慮することによって，市民が主体的な判断のもとに参加しているのか否かを明らかにする。

　分析の結果，市民による政治参加は，異なる2つのメカニズムによってなされていることが示される。すなわち，参加経験の全くない市民は，参加を依頼されることではじめて，その政治的活動に対して有していた拒否感を低下させ，その活動に参加していく。しかしながら，その経験が市民にとって満足できるものでなければ，その後動員を受けたとしても，継続的に参加することはない。一方で，既に何らかの経緯によって政治的活動に対して参加した経験を持っている市民，つまり，その活動に対する拒否感が少ない市民は，自らの経験に対する評価をもとに行動を決定していくということが明らかとなる。

　第5章では個人の強化学習を通じた参加メカニズムについて述べたが，第6章では個人の属する社会集団と政治参加との関係について，個人が所属集団に対して有している社会的アイデンティティに着目して検証する。具体的には，2007年8月に実施したインターネットによる調査実験の分析結果を示す。この実験は，日本の会社員1000名を対象に彼らの社会集団に対して有している帰属意識の強度と，党派集団に対して有している帰属意識の強度を測定し，実験群と統制群に無作為に分けた上で，実験群の被験者には彼らの帰属意識を活性化させる刺激を与え，アイデンティティが投票参加に与える影響を明らかにしようとするものである。実験の結果，有権者の社会集団に対する帰属意識と党派集団に対する帰

属意識とがそれぞれ異なる行動を示唆する場合，彼らの属する党派が優勢であれば党派集団に対する帰属意識の示唆する行動を取り，劣勢であれば社会集団に対する帰属意識の示唆する行動を取ることが示される。

最後の第7章では，各章の分析結果を相互に関連付けて整理するとともに今後の研究課題を挙げて結論とする。

以上を要約すると，本書ではまず，強化学習という新たな理論に基づいて政治参加モデルを構築することで，これまでの政治参加研究で十分に解明されてこなかった投票参加のパラドックスを解くことを試みる。特に，これまで別々に論じられることが多かった投票参加と投票以外の政治活動への参加とを，同一のモデルによって表すことで，市民による政治参加をより体系的に説明することを心がける。そして，新たに構築したモデルは，シミュレーションや実験という新たな方法を用いることによって，従来の実証手法よりもより厳密にその妥当性を検証する。

政治参加研究は，現代政治学において重要なテーマであり続けてきた。しかしながら日本では，「どの政党（候補者）に投票するのか？」といった投票の方向性に関する研究書の数と比較すると，「誰が政治的活動に参加するのか？」という政治参加を実証的に分析することを主な目的とした研究書は，蒲島（1988）や三宅（1990），近年では三船（2008）などしかなく，非常に少ない。本書は，既存の政治参加研究の問題点を克服した上で，新たなモデルによってより一般性の高いモデルを構築し，その妥当性を実証的に確認することで，こうした日本の現代政治学に存在するすき間を埋めることを試みるものである。

第 2 章　政治参加の種類

　本章では，日本における市民の政治的活動への参加状況や動員経験，政治参加に対する市民の意識について，これまで実施されてきた世論調査データを用いて示すことで，政治参加の全体像を把握することにつとめる。まず，政治参加の定義や活動の種類について整理することからはじめ，次いで，それぞれの政治的活動に対する市民の参加状況や意識について分析をおこなう。

2. 1.　政治参加の定義と種類

　民主主義のもとでの政治参加は，政府の行動と市民の選好との矛盾を穏やかに正す働きをする (蒲島, 1988)。限られた特定の市民しか参加しない，あるいは参加できないようであれば，その政治システムの「正統性」がゆらぐことになる。それゆえ政治参加は，民主主義の前提と言えるだろう。本節ではまず，政治参加を定義し，活動の具体的な種類を概観する。

日本における政治参加研究のひとつの集大成である蒲島（1988）では，Huntington and Nelson (1976) や Verba and Nie (1972) などをふまえて，政治参加の定義をよく整理している。それによると政治参加とは，次の5項目を満たす行動のことを指す。①実際の活動であって，政治知識，政治的関心，政治的有効性感覚などの心理的指向は含まない。②一般市民の政治活動であり，官僚や政治家，ロビイストが職業としておこなう活動は含まれない。③政府に影響を及ぼすべく意図された活動に限られ，儀式的な参加や活動の対象が政府でない，たとえば民間労働者の賃上げ要求のためのストライキなどの諸活動は政治参加の中には含まれない。④政府の意思決定に影響を与えようとする行動であれば，その活動が実際に効果を及ぼしたかどうかに関係なく政治参加の範疇の中に含まれる。⑤自分自身の意思で行動する自主参加だけでなく，他者によって動員された動員参加も政治参加の中に含まれる。その上で蒲島は政治参加を「政府の政策決定に影響を与えるべく意図された一般市民の活動」と定義している（蒲島，1988：3）。蒲島によるこの定義は，20年以上経過した現在においても，市民による政治的活動を包括的に捉えられていると考えられる。したがって，本研究でもこの定義にもとづいて，分析を進めていくことにする。

　次に具体的な活動の種類について整理する。政治参加研究の古典のひとつである Verba and Nie (1972) は，様々な活動を，①投票，②選挙運動への参加，③地域における協同的な活動への参加，④個人陳情の4項目に分類している。彼らによると，これらの活動は，その活動が及ぼす政府に対する圧力の強さや情報の多さ，活動の効果が及ぶ範囲，参加することに必要とされるコストや自発性などが，それぞれ異なるといわれている。たとえば投票は，市民にとって参加するためのコストは低く，政治家や政党に対する圧力は強いが，市民が何を要求しているのかという情報は少ない。これに対して個人的な陳情は，市民が直接政治家などに自分の要求を伝えるので，与える情報量は多いが圧力は弱く，市民にとってのコストは高いといえる。

　ヴァーバらは加えなかった活動だが，先ほど述べた「政府の政策決定

に影響を与えようと意図する市民の行動」という政治参加の定義からすれば，投票や選挙運動への参加などの選挙に関わる活動だけでなく，⑤抗議的な参加や，⑥献金なども政治参加に含めるべきだろう（リード，2000：585-586）。また，近年では NGO や NPO 活動への参加も広義の政治参加として位置づけられている（羅，2004）。いずれにせよ，活動の種類によって参加するのにかかるコストや，政策決定に対する圧力の強さが異なるということは，市民のもつ参加経験も活動の種類によって大きく異なることを意味する。それゆえ，これらの活動をまとめて分析すると，推定に歪みが生じ，誤った解釈を導いてしまう。そこで次節では，活動形態別に市民の参加経験について明らかにしていくことにする。

2.2. 政治的活動への市民の参加経験

先に述べたように，政治参加に含まれる様々な活動は，様々な側面においてそれぞれ異なるが，本節ではまず，各政治的活動に対して，市民がどの程度の参加経験を有しているのかを，主に日本の世論調査データを用いて示していく。

表2-1は衆議院議員総選挙時に実施された学術世論調査データ1を

1　本書の分析で使用した全国世論調査は，以下のとおりである。
- 日本人の政治意識と行動調査（JABISS）
JABISS は，綿貫譲治，三宅一郎，S．フラナガン，B．リチャードソン，公平慎策によって1976年に実施された全国世論調査である。本データは，ICPSR より提供を受けた。
- 日本人の選挙行動調査（JES I）
JES I は，綿貫譲治，三宅一郎，猪口孝，蒲島郁夫によって，1983年に実施された全国世論調査である。本データは，レヴァイアサン・データバンクから提供を受けた。
- 変動する日本人の選挙行動（JES II）
JES II は，三宅一郎，綿貫譲治，蒲島郁夫，小林良彰，池田謙一によって実施された平成5～9年度文部省科学研究費特別推進研究「投票行動の全国的・時系列的調査研究」による研究成果である。本データはレ

集計して作成した，日本における様々な政治的活動への市民の参加経験率を示している。世論調査の種類によって多少異なる部分があるものの，概ねヴァーバらの分類に合わせた活動に対する市民の参加経験の有無を尋ねている[2]。1976年－1993年と1996年－2009年とを比べると，後者の方が全体的に高い値を示しているが，これは1976年－1993年までの質問

   ヴァイアサン・データバンクより提供を受けた。
 ・衆議院選挙に関する世論調査（JEDS96）
   JEDS96は，選挙とデモクラシー研究会（Bradley Richardson, Susan Pharr, Dennis Patterson, 内田満，林文，谷藤悦史，田中愛治，池田謙一，西澤由隆，川上和久）によって，1996年に実施された全国世論調査である。本データは，東京大学社会科学研究所附属社会調査・データアーカイブ研究センター（SSJDA）より提供を受けた。
 ・社会意識と生活に関する世論調査（JEDS2000）
   JEDS2000は，選挙とデモクラシー研究会（三宅一郎，田中愛治，池田謙一，西澤由隆，平野浩）によって，2000年に実施された全国世論調査である。本データは，東京大学社会科学研究所附属社会調査・データアーカイブ研究センター（SSJDA）より提供を受けた。
 ・開かれた社会に関する意識調査（JSS-GLOPE2003）
   JSS-GLOPE2003は，文部科学省科学研究費・特定領域研究「世代間利害調整」プロジェクトの「世代間利害調整政治学」班と，早稲田大学政治経済学部・経済学研究科21世紀COEプログラム「開かれた政治経済制度の構築」によって実施された全国世論調査である。
 ・21世紀日本人の社会・政治意識に関する調査（GLOPE2005）
   GLOPE2005は，早稲田大学政治経済学部・経済学研究科21世紀COEプログラム「開かれた政治経済制度の構築」によって2005年11月に実施された全国世論調査である。
 ・早稲田大学・読売新聞共同実施　日本人の社会的期待と総選挙に関する世論調査（Waseda-CASI & PAPI2009）
   Waseda-CASI & PAPI2009は，読売新聞の協力のもと，W-CASI研究会2009によって2009年に実施された全国世論調査である。
 2　参加経験を測定する質問項目は以下の通りである。「この中にあるようなことをこれまでに1度でも，したことがありますか。」選択肢：「何度かある」「1～2回ある」「1度もない」

表2－1　日本における市民の政治参加率推移

	調査実施年							
	1976	1983	1993	1996	2000	2003	2005	2009
選挙関連活動への参加経験（%）								
政治家や政党などによる集会参加	20.8	28.7	15.2		28.8	30.6		35.7
選挙運動を手伝う	11.5	17.4	6.9	21.8	30.0	28.7	22.4	29.2
献金・カンパ，機関紙購入	6.9	6.8	4.2		11.0	12.7	13.8	15.1
後援会員になる当該年度における衆議院選挙での活動				19.7		27.5	25.1	23.5	21.8
投票の依頼をした（動員）	13.6	12.9	9.8	10.0	9.7	7.9		
家族や親戚，知人などから投票を依頼された（被動員）	47.3	38.9	49.0	39.7	41.9	38.5		
衆院選投票率（総務省データ）	73.5	67.9	67.3	59.7	62.5	59.9	67.5	69.3
その他の政治的活動への参加経験（%）								
地元の当局や政治家に接触※1	14.2	17.5	9.1	5.7	4.3	6.6	8.2	6.0
国の政治家に接触※1	5.0	5.8	3.8					
役所に相談，陳情，請願	6.2	6.9	2.5	7.3	14.2	16.1	33.3	26.0
請願書に署名				40.7	37.5	40.9		49.9
市民運動・住民運動・ボランティア活動※2	8.5	8.3	5.3	18.5	24.2	27.1	43.3	50.3
デモ，集会参加	7.8	4.4	2.1	13.1	10.4	12.7	13.5	14.8
回答者数	1332	2473	2320	1535	1618	2064	1397	1292

※1　1996年以降は，国会議員と地方議員との区別をつけていない
※2　ボランティア活動が含まれるのは，1996年以降の調査のみ
データ
　　1976年「日本人の政治意識と行動調査（JABISS）」
　　1983年「日本人の選挙行動調査（JES I）」
　　1993年「変動する日本人の選挙行動（JES II）」
　　1996年「衆議院選挙に関する世論調査（JEDS96）」
　　2000年「社会意識と生活に関する世論調査（JEDS2000）」
　　2003年「開かれた社会に関する意識調査（JSS-GLOPE2003）」
　　2005年「21世紀日本人の社会・政治意識に関する調査（GLOPE2005）」
　　2009年「日本人の社会的期待と総選挙に関する世論調査（Waseda-CASI & PAPI2009）」

文が「過去5年間での経験」を尋ねているのに対し，1996年以降の質問文では「これまでに」と尋ねているからと推測される。各活動項目の参加経験率を見ると1993年はその前後に比べてどの項目も参加率が低下しているのがわかるが，どの項目も10%－30%程度で推移しており，調査時の衆議院議員総選挙における投票率と比較するとかなり低いことがわかる。

　このような投票とその他の活動の参加率の差は他の先進国でも見られ，その活動の難易度によって説明されることが多い（西澤，2004；Milbrath and Goel, 1977)。Milbrath (1965) は，政治家との接触や政治集会への参加といった比較的ハードルの高い（上位の）活動への参加者は，投票や投票依頼などのハードルの低い（下位の）活動もおこなうが，その逆は成立しないと述べ，政治参加の構造を累積的で1次元的なものであると主張した。一方，西澤（2004）による分析では，難易度が高いと考えられる投票以外の活動に参加していて，かつ，難易度が相対的に低い投票に参加しない市民はいないが，投票以外の活動に関しては，ミルブレイスのいうような1次元的な階層性は確認されなかったという。政治的活動の難易度と階層性，および活動への参加率との関係については，次節にて，項目反応理論を用いた分析をおこない，それぞれの活動ごとの特徴を明らかにする。

それでは，政治家の集会への参加や選挙運動など，選挙関連活動の参加経験率に注目しよう。ほぼ全ての調査年において，もっとも参加経験率が高かったのは，「政治家や政党などによる集会への参加」で，1993年以外は常に回答者の3割近くが「参加した経験がある」と答えている。次いで，「選挙運動を手伝う」と「後援会員になる」が2割〜3割の間を推移している。いずれにしても，これらの活動の経験率は調査年によってあまり変化していないため，参加にいたるメカニズムが大きく変化している可能性は低いと考えられる。

次に，選挙関連以外の政治的活動を見ていくと，経験率がもっとも高いのは「請願書に署名」することである。そして，住民運動やボランティア活動はその経験率が近年になるにつれて高くなっていることがわかる。ボランティア活動経験率の増加は，上述したようなNPO／NGO活動の広がりがもたらしている可能性が高い[3]。一方で，少なくとも質問文が「これまでに」に変更された96年以降，「デモや集会への参加」は概ね10％−15％程度で，「政治家に接触する」については5％前後で，それぞれ安定的に推移している。

最後に，衆議院選挙における被動員率は，概ね40％−50％で推移して

3　1998年3月には特定非営利活動促進法（NPO法）が公布されている。

図2−1　1人あたりの参加項目数

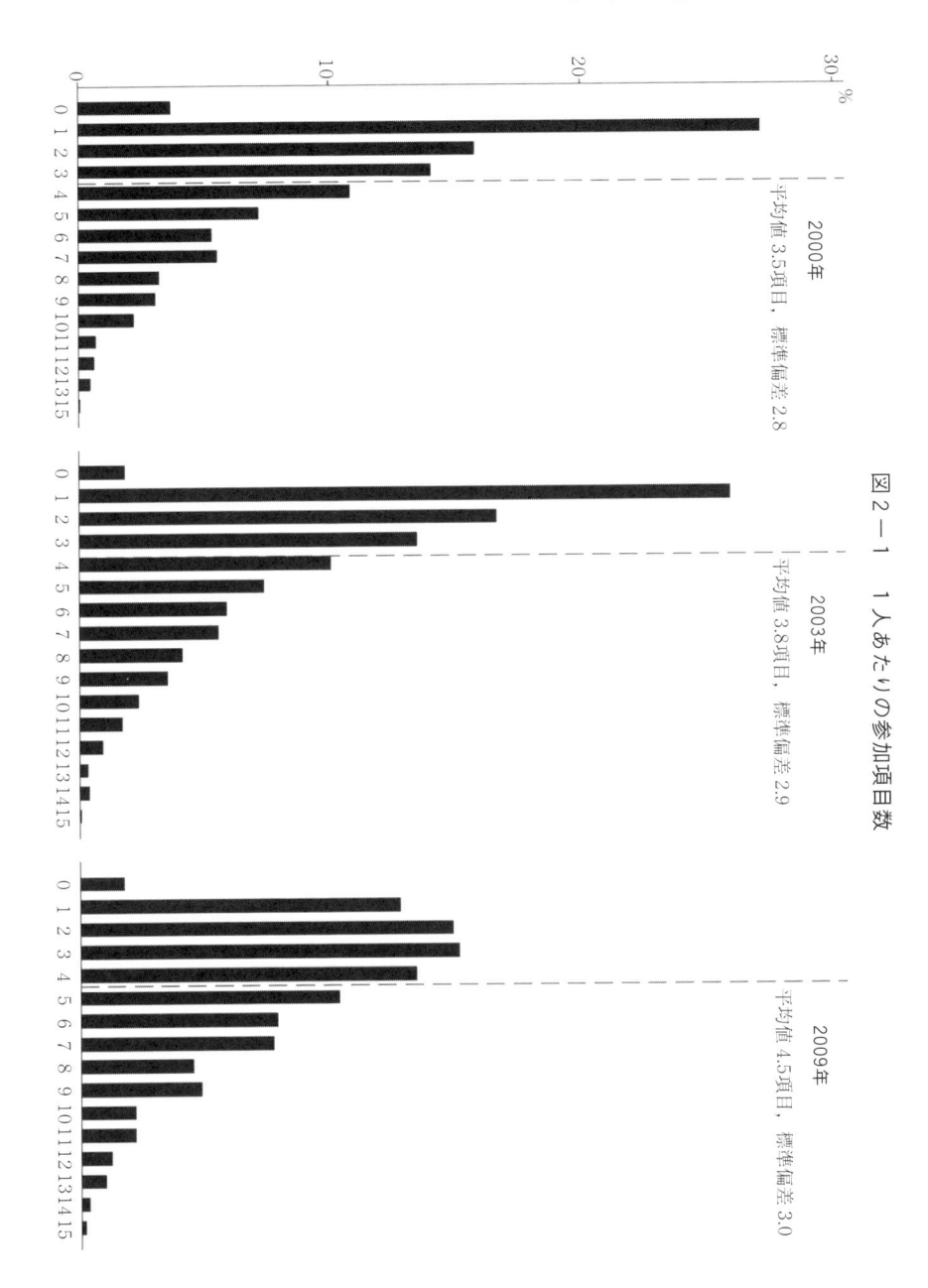

2000年　平均値 3.5項目，標準偏差 2.8

2003年　平均値 3.8項目，標準偏差 2.9

2009年　平均値 4.5項目，標準偏差 3.0

いることがわかる。この被動員率と投票率との間には，一貫した傾向が見られない。この点については，第5章で他の要素からの影響を排除した動員の投票に対する平均因果効果を推定し，更に詳しく検討する。

ここまで，それぞれの政治的活動に対して，市民がどの程度参加経験を有しているのかを見てきた。次に，市民1人当たりがどの程度上記のような政治的活動への参加経験を有しているのかを示す。図2−1は，質問項目が同一な2000年と2003年，および2009年の調査データを用いて市民1人当たりの参加経験活動数をグラフ化したものである。

これらのグラフからまずわかることとして，2009年の分布が他とかなり異なるということが挙げられるだろう。2000年と2003年については，どちらも参加した経験のある活動の数がひとつの市民が最も多く，そして，彼らの大部分は投票参加の経験を有しているということができる。参加経験のある活動数がひとつの回答者のうち，投票への参加経験があると答えている人の割合は，2000年も2003年も98.1％であった。したがって，2000年と2003年調査については，参加活動項目数が0である市民は投票の経験もなく，項目数が1である市民の多くは投票の経験があり，2以上である場合には，投票とそれ以外の活動への参加経験を有しているということである。これらの図から，市民にとって投票以外の活動に参加することは，投票よりもハードルが高い行動であるといえるだろう。

一方，2009年の分布では，参加経験のある活動の数を3つと答えた回答者がもっとも多く，平均値も4.5項目と2000年，2003年と比べて1項目近く高くなっている。ただし，このような変化を「2003年から2009年にかけて，市民の政治参加が活性化した」と捉えるには大きな問題がある。2000年や2003年と2009年では，それぞれの調査においてこの質問を尋ねたタイミングが異なるからである。すなわち，2000年と2003年調査においては，これら政治参加経験を尋ねる質問が，選挙前に実施された第1波調査に含まれているのに対し，2009年調査においては，選挙後に実施された第2波調査に含まれているのである。

通常，選挙にともなって実施される学術世論調査では，選挙前と選挙後に同一の調査対象者に対して調査への協力を依頼する。調査に協力す

るかどうかは,対象者の任意によるものであるため,選挙前の調査に協力してくれた対象者が,選挙後の調査では回答を拒否することもある。実際,分析に使用している調査データで示すと,2000年の調査(JEDS2000)では,選挙前に実施した調査での回答者数が1,681名であるのに対し,選挙後の調査では635名となっている[4]。また,2003年の調査(JSS-GLOPE2003)では,選挙前調査の回答者数が2,064名,選挙後調査の回答者が1,726名,そして,2009年の調査(Waseda-CASI & PAPI2009)では,選挙前調査の回答者数が1,603名,選挙後調査の回答者数は1,292名となっており,約2割の対象者が選挙後調査での協力を拒否していることがわかる。

当然,政治や選挙に関心のある調査対象者ほど,第2波まで調査に協力する傾向があり,図2-2に示されるとおり,2009年の調査データで

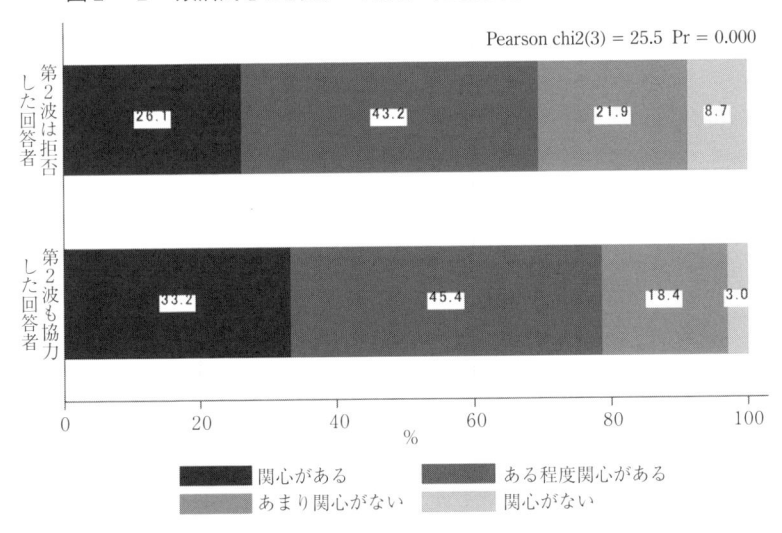

図2-2 政治関心と調査への協力(Waseda-CASI & PAPI2009)

Pearson chi2(3) = 25.5 Pr = 0.000

第2波は拒否した回答者: 26.1 | 43.2 | 21.9 | 8.7

第2波も協力した回答者: 33.2 | 45.4 | 18.4 | 3.0

■ 関心がある　■ ある程度関心がある
■ あまり関心がない　■ 関心がない

---

4 ただしJEDS2000は,一般的な選挙調査とは異なり,第1波(選挙前)が2000年4月に実施され,6月の総選挙をはさんで,第2波(選挙後)は同年10月に郵送調査として実施されている。

も，第2波まで回答した対象者と第1波のみ回答した対象者では，前者の政治関心の方が有意に高いことがわかる。したがって，2009年における1人あたりの政治的活動への参加項目数が，他の年とくらべて高い傾向があるように見受けられる原因は，参加経験を尋ねる質問が2009年のみ第2波調査に組み込まれたため，相対的に政治関心の高い調査対象者が回答したことにあると推測される。

2.3. 参加の「難易度」

本節では，前節で紹介した様々な政治的活動について，市民が参加に至るまでの"ハードルの高さ"，つまり市民にとっての難易度を中心に分析をおこなう。分析には項目反応理論を用いることで，個々の政治的活動が市民にとってどの程度参加するのが難しいのか（困難度），そして，政治的な活動に積極的に参加する市民と，そうでない市民とを峻別するのに適切な活動にはどのようなものがあるのか（識別力）を推定することができる[5]。また，共通する質問項目を用いて等化をおこなうことによって，回答者の政治参加に関わる「能力」を調査年をまたいで比較することもできるのである[6]。そこで本節では，共通の質問群を採用している1996年以降のデータを用いて分析をおこない，個々の政治的活動の困難度と識別力について検討する。

まず，様々な政治的活動への参加経験を1次元として捉えることが適切かどうかを確認する。図2-3に示されるスクリープロットや信頼係数が0.8を超えていることから，これらの項目を1次元として捉えることは概ね妥当であるといえよう。したがって，本書では，「市民による様々な政治的活動への参加」を1次元で捉えられるものと仮定して，以後の分析を進める。

---

[5] 項目反応理論の解説については，豊田（2002, 2005, 2012）を参照されたい。

[6] この値は，「被験者母数」あるいは「受験者特性値」などと呼ばれる。

図2－3　1次元性の確認（スクリープロット 1996年－2009年）

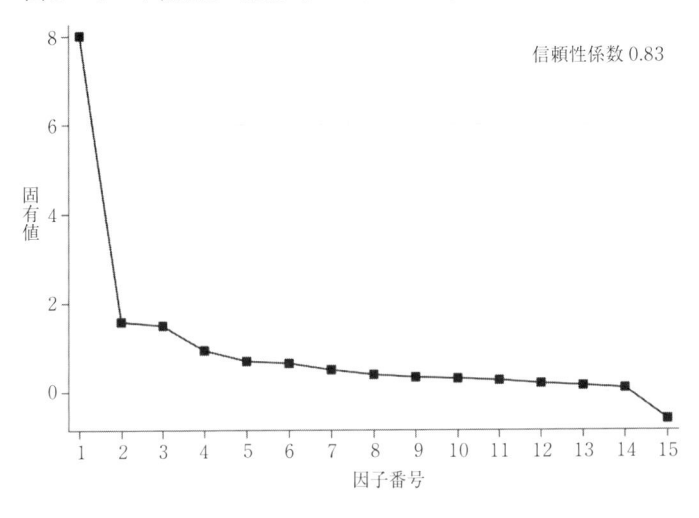

表2－2　政治的活動の困難度と識別力（1996年－2009年）

政治的活動	参加経験率	困難度	困難度標準誤差	識別力	識別力標準誤差
選挙で投票する	0.97	−3.05	0.22	0.90	0.10
自治会活動に積極的に関わる	0.43	0.29	0.04	0.79	0.04
請願書に署名する	0.41	0.39	0.04	0.73	0.04
政党や政治家の集会に行く	0.31	0.60	0.02	1.83	0.09
選挙運動を手伝う	0.29	0.72	0.03	1.37	0.06
候補者や政党への投票を知人に依頼する	0.27	0.74	0.03	1.67	0.08
政治家の後援会員となる	0.25	0.86	0.03	1.29	0.06
地域のボランティア活動や住民運動に参加する	0.27	0.95	0.05	0.85	0.05
「パブリックコメント」で意見を提出する※	0.09	0.98	0.09	2.01	0.12
献金・党の機関誌の購読	0.13	1.36	0.04	1.59	0.09
デモや集会に参加する	0.13	1.62	0.07	1.00	0.06
役所に相談する	0.16	1.74	0.10	0.69	0.05
国や地方の議員に手紙を書いたり，電話をする	0.07	1.80	0.06	1.56	0.11
政党の党員となる	0.07	1.80	0.06	1.48	0.11
住民投票で投票する	0.10	3.09	0.29	0.45	0.05
選挙に立候補する	0.01	3.32	0.31	1.32	0.23

※　2009年調査のみ

表2－2は，2母数ロジスティックモデルによって推定された様々な政治的活動の困難度と識別力を示したものである[7]。各項目は，困難度の低いものから順に並んでいる。また，図2－4はそれぞれの政治的活動の項目特性曲線（ICC）を示したものである。この図は，横軸に回答者の特性値[8]，今回の分析では回答者の政治的活動に参加するための「能力」が，縦軸にはそれぞれの政治的活動に参加する確率が示されており，各項目の困難度が高いほどそのグラフは右側に位置し，識別力が高いほどグラフの傾きが急になる。

それでは，分析結果を活動の種類ごとに検討しよう。まず，「選挙での投票」が突出して困難度の低い活動であることがわかる。図から，もっとも政治的活動に参加しない（特性値の低い）回答者から数えて2％程度に位置する回答者でさえ，選挙が繰り返されていくと約80％の確率で投票に行くことが読み取れる。そして，投票以外の政治的活動は全て困難度が正の値をとっている。つまり，特性値が平均（0）に位置する回答者でも，これらの活動に参加する機会が繰り返し発生したときの参加確率が50％を下回るのである。市民にとって，投票以外の政治参加は，やはりハードルが高いものということができるだろう。

投票以外の活動について，困難度が低い順から検討を続ける。投票を除いてもっとも困難度が低いのは，「自治会活動への参加」であり，「請願書への署名」が続く。そして，これらの項目に次いで市民にとって参加する困難度が低いのは，「政党，政治家の集会に行く」や「選挙運動を

---

[7] 項目反応理論における項目母数の推定には，1母数ロジスティックモデル～4母数ロジスティックモデルなどがあり，それぞれ推定する項目母数の数が異なる。1母数モデルで推定される母数は，「困難度」のみで，2母数モデルでは「困難度」と「識別力（傾き）」が推定され，3母数モデルでは上記2母数に加えて「下方漸近線（当て推量母数）」が，4母数モデルでは「下方漸近線」と「情報漸近線」が推定される（豊田，2012：31-33）。本分析では，「当て推量母数」を想定する必要がないと考えられるため，2母数ロジスティックモデルを採用した。

[8] 回答者の特性値は，平均0，標準偏差1の標準正規分布にしたがうことが仮定されている。

第2章 政治参加の種類　31

図2－4　項目特性曲線（ICC）

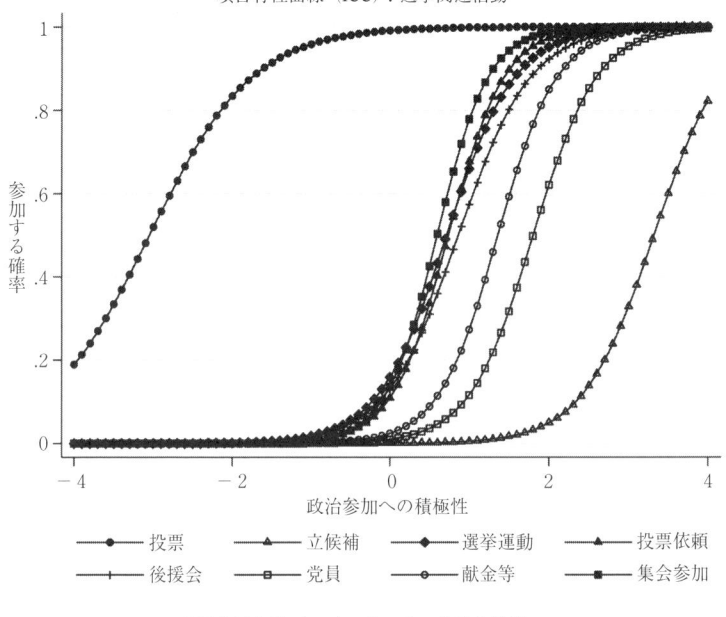

項目特性曲線（ICC）：選挙関連活動

縦軸：参加する確率
横軸：政治参加への積極性

凡例：●投票　▲立候補　◆選挙運動　▲投票依頼
＋後援会　□党員　○献金等　■集会参加

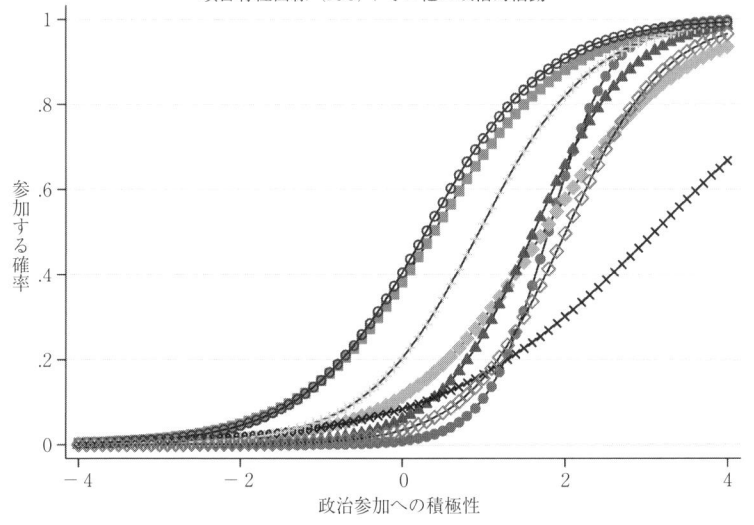

項目特性曲線（ICC）：その他の政治的活動

縦軸：参加する確率
横軸：政治参加への積極性

凡例：●議員に接触　◆役所に相談　■請願書署名　▲デモや集会に参加
✕住民投票　─ボランティア　○自治会活動　◇パブリックコメント

手伝う」，あるいは「投票を依頼する」といった選挙関連の活動群である。これらの活動は，差は小さいものの，「ボランティア活動への参加」や「パブリックコメント」よりも困難度が低い9。選挙関連の活動については，いずれも識別力が比較的高いので，市民を政治参加に「積極的な層」と「消極的な層」とに峻別するのに適している項目である。最後に，困難度の高い活動について言及すると，選挙関連活動では「選挙に立候補する」が突出しているほか，「献金，機関紙の購読」や「党員になる」といった項目が並び，選挙以外の活動では「デモや集会への参加」や「議員に手紙を書いたり，電話をする」などの項目が挙げられる。なお，「住民投票で投票する」も困難度がかなり高く推定されているが，これは，自分の住んでいる自治体で，住民投票が実施された経験をもつ回答者そのものが少ないことに起因しているため，解釈には注意が必要である。

これらの活動のうち，識別力の高さにも着目すると，全体の上位約15％に位置する，政治参加に「非常に積極的な層」を峻別するのに適しているのは，「献金」や「党員になる」，そして「議員に手紙を書いたり，電話をする」の3つの活動である。このような項目反応理論をもちいた項目の分析は，市民の政治参加の程度を測定するにあたって，どの活動に着目すべきなのか，あるいは，世論調査を設計する際にどのような質問をすべきなのかといった，リサーチデザイン上の問題を考える際のヒントにもなると考えられる。

次に，回答者特性値，すなわち，市民の政治参加に関わる「能力」の分布について検討を進める。図2－5は，共通項目法を用いて等化をおこなった上で，調査年ごとの回答者特性値を推定し，その分布を図示したものである10。この図から，いずれの年も平均値にはほとんど差がないことがわかる一方で，分布の形状が大きく2つにわかれることが読み取れる。すなわち，1996年，2005年，そして2009年の分布は，ほぼ平均

9　ただし，これは，調査を実施した時期が選挙前後であったため，回答者が参加経験を想起しやすかったという可能性もある。

10　回答者特性値の推定には，EAP (expected a posteriori) 推定法を採用した。

第 2 章 政治参加の種類　33

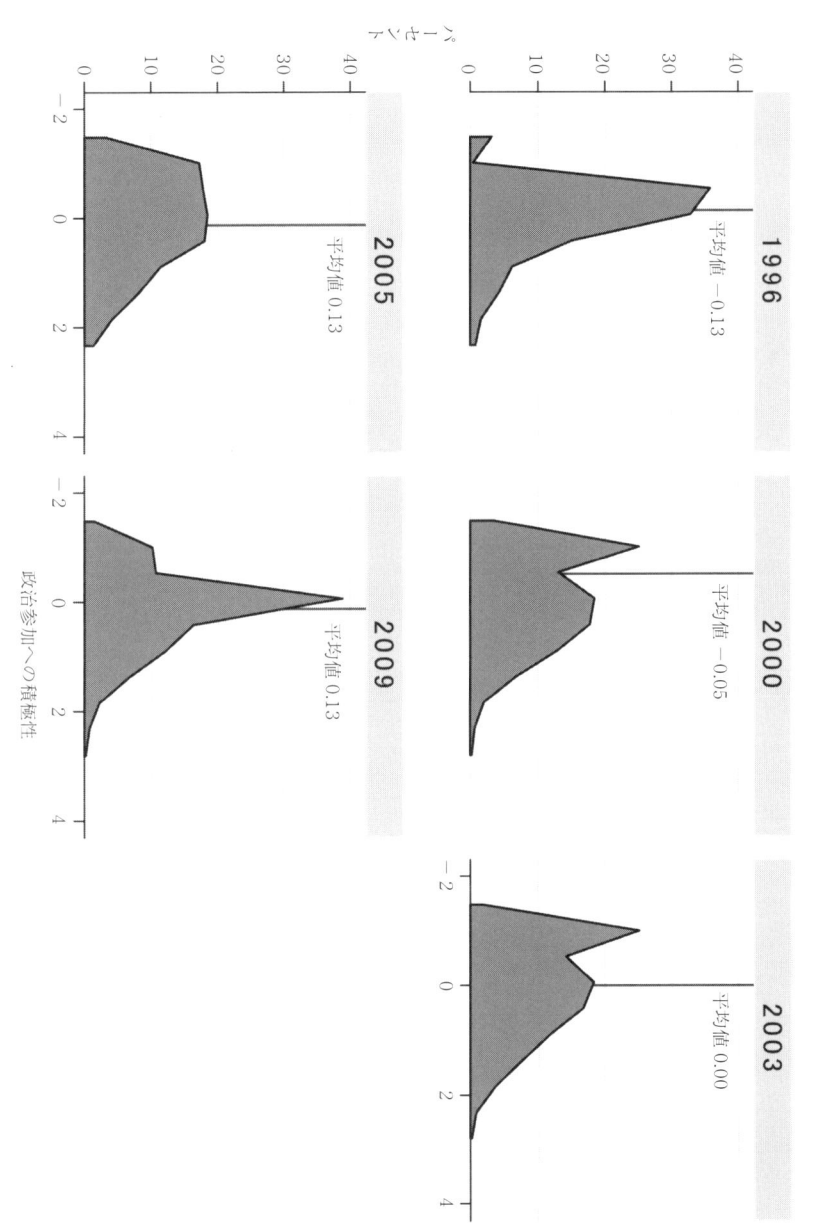

パーセント

1996　平均値 −0.13

2000　平均値 −0.05

2003　平均値 0.00

2005　平均値 0.13

2009　平均値 0.13

政治参加への積極性

図 2−5　調査年ごとの回答者特性値

値付近を頂点とする単峰型だが，2000年と2003年の分布は明らかに双峰型になっている。この違いは，前節で述べた調査のタイミングの違いが原因となっている可能性が高い。実は，前者は全て選挙後調査での分布であり，後者はどちらも選挙前調査での回答者の分布なのである。もちろん，調査への協力を拒否した人々のデータは存在しないため，直接検証することは不可能だが，選挙前調査で測定している2000年と2003年の分布は，共に平均値よりもかなり低いところに1つ目の山が位置していて，選挙後調査で測定している残り3つの分布では，それが消えている，つまり，政治参加に消極的な層が，2回目の調査に協力することを拒否していることがうかがえるのである。

2. 4. 政治参加と動員

本節では，従来の政治参加研究においてこのような政治的活動への参加を説明するのに最も有力な要素であると考えられてきた動員について取り上げることにする。政治エリートからの動員は，市民の政治参加，特に投票への参加に対して大きな影響を及ぼすとされてきた（Rosenstone and Hansen, 1993）。ここでいう政治エリートとは，政治家や政党はもちろんのこと，市民運動やNGO活動をおこなっている運動家や活動家も含まれる。政治家や政党は主に選挙活動・投票への参加を，運動家や活動家は彼らが取り組んでいる活動への参加を，どちらも市民が加入している組織やあるいは家族，知人などを通じて呼びかける。その動員力は，政治家や政党の方が，運動家らに比較すれば強いといわれている（西澤，2004）。つまり，選挙活動などへの参加に対する動員と，デモや集会への参加に対する動員とでは，動員の主体が異なるため，影響力が異なるのである。

表2－3は1996年と2000年におこなわれた世論調査における知人・友人からの参加依頼経験率，すなわち被動員経験率を表したものである。最も高い依頼率を示しているのは請願書への署名であるが，これは活動の性質上当然の結果といえる（西澤，2004）。つまり，通常，請願書には

「頼まれるから」署名するのである。署名を除くと，選挙関連活動の方がそれ以外の活動よりも被動員経験率が高くなっており，動員主体の規模やリソースの量によって動員力に差があることが確認できる。しかしながら，表2－1と表2－3を合わせてみると，各活動項目の被動員経験率と参加率にははっきりとした傾向は確認できないことがわかる。たとえば，選挙運動への動員率は住民運動・ボランティア活動への動員率より高いが，実際の参加率では後者の方が前者よりも高くなっている。

表2－3　被動員経験率

	調査実施年	
	1996	2000
選挙関連活動への被動員経験（％）		
政治家や政党などによる集会参加		18.4
選挙運動を手伝う	17.6	21.7
献金・カンパ，機関紙購入		8.5
後援会員になる		22.1
その他の政治的活動への被動員経験（％）		
国，地方の政治家に接触	4.4	3.5
役所に相談，陳情，請願	2.9	6.0
請願書に署名	26.4	26.9
市民運動・住民運動・ボランティア活動	10.7	12.8
デモや集会に参加	10.2	7.5
回答者数	1535	1618

データ
1996年「衆議院選挙に関する世論調査（JEDS96）」
2000年「社会意識と生活に関する世論調査（JEDS2000）」

表2－4　2000年総選挙時における
参加依頼拒否率

	拒否率（％）	回答者数
選挙運動を手伝う	59.1	22
後援会員として運動する	56.0	25
党員として運動する	60.0	5
献金，機関紙購入	67.9	28
政党・候補者の集会に行く	44.9	147
累計	50.7	227

データ
2000年「社会意識と生活に関する世論調査（JEDS2000）」

実際に，市民の多くは政治エリートからの動員を「拒否」している。表2－4は2000年のパネルデータを用いた参加依頼拒否率を表したものである。JEDS2000のパネル調査は2000年10月に実施され，6月におこなわれた衆議院総選挙における選挙活動への参加と参加依頼の有無をそれぞれ尋ねている。この表は，知人や友人から参加を依頼されたにもかかわらず，参加しなかった回答者の割合を示している。表から，「政党・候補者の集会に行く」以外の項目では，拒否率は50％を上回っていることがわかる。上述したように，選挙活動への動員は強い組織力をもつ政治家や政党が主体となっておこなわれるため，動員力は強いとされる。それでも半数以上の市民

が参加を拒否していることを考えると，動員のみを参加の要素として捉えることにはやはり問題があるだろう。参加するように依頼を受けて参加する市民と，依頼を受けても参加しない市民には何らかの違いがあることが考えられるのである。そこで次節では，政治参加に関わる市民の意識に注目する。

2.5. 政治参加と市民の意識

表2－5は1996年から2009年までの各活動項目の参加受容度及び忌避態度を表したものである。これにより，市民が各政治活動に対してどの程度「関わりたいか」あるいは「関わりたくないか」を知ることができる。この表から明らかに読み取れることとして，どの活動項目について

表2－5 政治的活動に対する受容度・忌避態度

	調査年									
	1996		2000		2003		2005		2009	
	受容率	忌避率	受容率	忌避率	受容率	忌避率	受容率	忌避率	受容率	忌避率
選挙関連活動（％）										
政治家や政党の集会への参加			7.9	77.6	13.2	69.3			14.8	55.3
選挙運動を手伝う	8.2	68.7	8.0	76.3	10.7	73.3	14.1	69.6	8.4	64.2
献金・カンパ，機関紙購入			4.6	85.1	6.6	83.1	8.3	79.3	7.1	71.2
後援会員になる			6.8	80.2	9.5	76.6	10.6	75.4	6.5	71.2
その他の政治的活動（％）										
国や地方の政治家に接触	5.2	71.5	2.9	84.7	5.4	83.2	6.5	78.3	5.7	70.3
役所に相談，陳情，請願	10.8	61.1	11.7	64.8	11.9	67.8	32.7	42.5	25.3	43.9
請願書に署名	26.2	44.2	15.4	60.0	20.9	54.4			22.3	38.5
市民運動・住民運動・ボランティア活動	28.9	45.1	24.6	52.0	24.1	52.3	40.4	41.3	36.0	29.3
デモや集会に参加	7.8	71.9	3.9	83.2	4.5	80.4	8.5	75.4	5.2	71.4
回答者数	1,535		1,618		2,064		1,397		1,292	

データ
　1996年「衆議院選挙に関する世論調査（JEDS96）」
　2000年「社会意識と生活に関する世論調査（JEDS2000）」
　2003年「開かれた社会に関する意識調査（JSS-GLOPE2003）」
　2005年「21世紀日本人の社会・政治意識に関する調査（GLOPE2005）」
　2009年「日本人の社会的期待と総選挙に関する世論調査（Waseda-CASI & PAPI2009）」

も「関わりたくない」と答えた回答者が非常に多いことが挙げられるだろう。特に選挙活動関連の項目では，軒並み7割近くの回答者が「関わりたくない」と答えているのである。唯一の例外は，「市民運動・住民運動・ボランティア活動」で，2005年で受容率と忌避率が接近し，2009年では受容率が忌避率を上回っているが，これは，ボランティア活動が質問文に加わったことによる効果が大きいと考えられる。

西澤（2004）は，このような忌避率の高さは，たとえばデモや選挙運動といった西澤のいう「公的なチャンネル」を用いて問題を解決することをそもそも好まない日本人の一般的な性格を反映しているものであり，忌避態度は有権者が政治的活動に参加するかどうかを決定する際の非常に重要な要素であると述べている。しかしながら，西澤自身も述べているように，このような傾向が日本人特有のものであるかどうかは，他国の同様な質問項目との比較をおこなわないと解明できない。そのような比較によって，忌避態度の形成過程が明らかにならない限り，忌避態度による政治参加の説明は「関わりたくないから参加しない」というトートロジーに近いものになってしまう。

JEDS2000では，政治参加に関連する市民の意識についてもうひとつの質問が尋ねられていた。それは回答者の過去の参加経験に関して，具体的な効果の有無を尋ねる質問項目である。自らの政治参加経験を「効果があった」と答えた回答者は，自分の経験を肯定的に評価していて，逆に「効果はなかった」と答えた回答者は否定的に評価しているということができるだろう。つまり，自身の参加経験についての自己評価を表しているのである。表2－6は，活動形態別の経験に対する評価を示したものである。

この質問項目には，先ほど言及した動員や参加受容度と異なり，実際に参加したことのある回答者のみが答えている。この表から，活動形態によって数値は異なるものの，概ねどの活動においても，自身の経験を肯定的に評価している回答者が多いことがわかる。特に，「効果があった」と答えた割合が高い項目は，選挙運動に関する項目と，役所への相談，ボランティア活動などである。これらの活動は，目的を達成しよう

表2－6　過去の政治参加経験に対する評価

	効果あり	わからない	効果なし	有効回答数
選挙関連活動（％）				
投票	41.7	33.9	24.4	1,430
選挙に立候補する	40.0	10.0	50.0	10
選挙運動を手伝う	61.9	20.9	17.3	446
候補者や政党への投票を依頼する	56.3	31.0	12.7	403
政治家の後援会員となる	39.3	29.9	30.9	405
政党の党員となる	44.2	26.0	29.8	104
献金・機関紙購読など	44.8	30.1	25.2	163
政党・候補者の政治集会にいく	37.5	35.1	27.4	427
その他の政治的活動（％）				
議員に手紙を書いたり電話をする	45.5	27.3	27.3	66
役所に相談する	63.8	13.3	22.9	210
請願書に署名する	36.5	40.3	23.2	548
デモや集会に参加する	39.1	31.1	29.5	156
住民投票で投票にいく	48.1	32.9	19.0	79
ボランティア活動や住民運動に参加する	73.1	17.1	9.8	357
自治会活動に積極的に関わる	71.3	19.9	8.8	522

網掛け部分は50％以上を表す
データ
　「社会生活と生活に関する世論調査（JEDS2000）」

表2－7　参加経験に対する評価と回答者の属性についての相関

		相関係数
	参加受容度	0.09*
	参加依頼（動員）	0.02
社会的属性	性別	0.06
	年齢	0.04
	都市規模	0.05
	収入	−0.04
	教育年数	−0.05
	通勤（通学）時間	−0.05
ソーシャル・キャピタル	他者に対する信頼	−0.12
	政治的会話頻度	0.10
	政治的有効性感覚	−0.06

**$p<0.01$　*$p<0.05$
データ
　「社会意識と生活に関する世論調査（JEDS2000）」

とする手段として，他の活動よりも直接的であり，参加者にとって自身の活動の結果が明確にわかりやすいということが考えられるだろう。多くの市民は，政治的活動に対して「関わりたくない」と思っている一方で，そのような活動への参加経験がある市民は，自身の活動に対して「効果があった」と感じているのである。

次に，参加経験に対する自己評価と有権者の社会的属性との関連について示す。まず，表2－7は過去の参加経験に対して肯定的な評価をお

表2−8 参加経験に対する評価と職業とのクロス表

(各数値は%) 参加効果度	職業分類 公務員	勤め	自営	家族従業	その他	主婦	無職	平均
0−20%未満	16.7	25.8	17.5	18.9	16.7	20.4	25.9	22.3
20−40%	16.7	15.1	10.6	8.1	25.0	13.6	14.8	13.8
40−60%	10.0	20.1	18.8	13.5	8.3	17.7	13.9	17.7
60−80%	10.0	9.1	18.1	10.8	8.3	11.6	12.0	11.9
80%以上	46.7	29.9	35.0	48.6	41.7	36.7	33.3	34.3
計(人数)	30	298	160	37	12	147	108	792

データ
「社会意識と生活に関する世論調査 (JEDS2000)」

こなった回答者の割合と,彼らの代表的な属性やソーシャル・キャピタル (社会関係資本) 関連の変数との相関を表したものである。この表から,参加経験に対する自己評価は,参加受容度との間に弱い相関が見られるものの,その他の質問項目とは全く関連性がないことが読み取れる。参加受容度との相関は,自らの参加経験を「効果があった」と肯定的に評価した回答者ほど,「やってみたい」と答えていると考えることができるだろう。また,表2−8は参加経験に対する評価と職業との関係を表したものであるが,回答者の職業と参加経験に対する評価にも特に関係性がないということがわかる。

このように,参加経験に対する評価は,有権者の社会的な属性から独立しておこなわれている可能性が高い。また,過去の参加により効果を感じた市民の参加受容度が高くなることが考えられる。以上の分析結果から,過去に経験した活動に対する主観的な効果が,その後の政治参加に影響を及ぼしている可能性があるといえるだろう。

2.6. まとめ

ここまで政治参加の定義と種類,及び日本における様々な政治活動への参加率,動員と受容度,そして過去の経験に対する評価について述べてきた。ここで本章の内容をまとめておこう。まず,政治参加とは,一般の市民が政府の政策決定に影響を与えようとする活動のことであり,選挙における投票からNPO・NGO活動に至るまで幅が広く,活動の種

類によって，難易度や与えうる影響力が異なる。日本では，投票率とそれ以外の活動参加経験率との間に大きな差があり，項目反応理論を用いた分析でも，選挙での投票は，他の活動と比べて突出して難易度が低いことが明らかになった。また，少なくとも本章で取り上げた政治的活動に対する市民の参加は，1次元で捉えられることが確認された。項目分析では，市民にとって，選挙運動の手伝いや，投票の依頼などの活動は，住民運動への参加やパブリックコメントでの意見提出などに比べて，難易度が低く，これらの活動項目は，市民を政治参加に積極的な層と消極的な層とにわけるのに適していることもわかった。

次に，参加と動員との関係についてまとめると，投票への被動員経験率は高い一方で，投票以外の活動に対しては参加受容度が低く，動員拒否率も高い。しかしながら，政治的な活動に参加したことのある市民の多くが，自身の活動に対して効果があったと答える傾向もある。そして，自身の政治参加に効果を感じるかどうかについては，市民の社会的属性やソーシャル・キャピタルなどとは関連性がないことも明らかになった。

最後に，本章で提示したデータ分析を通して，ひとつの重要なポイントが浮かんでくることを強調しておきたい。それは，これらの傾向が1970年代から2000年代にかけて安定的に推移しており，変動の幅は小さいということである。このことは少なくとも1970年代以降，有権者の政治参加のメカニズムが一貫している可能性が高いことを意味し，本研究にとって重要な理論的インプリケーションを持つ。したがって，本研究では次章以降の分析において質問項目の制約から用いるデータセットがJES2及びJEDS2000に限定されるが，分析結果から得られる知見はある程度の一般性があるものだといえるだろう。

第3章　政治参加の理論

　第1章で述べたとおり，政治参加を説明するこれまでのモデルは，社会学モデル，心理学モデル，そして，経済学モデルに分類することができる。本章ではまず，これまでの政治参加研究において蓄積されてきた様々なモデルを整理し，その問題点を指摘する。次いで，本研究で提起する新たなモデルとその理論的枠組みについて述べる。

　パティーらは，政治参加を説明するモデルを，個人の属する社会から説明しようとするものと，個人そのものから説明しようとするものに分類した（Pattie, Seyd, and Whiteley, 2004）。前者に入るものとしては，居住地域や世代，あるいは教育程度や家族構成，そして職業や所属集団といった市民の社会経済的な属性や，いわゆるソーシャル・キャピタルによって政治参加を説明しようとする社会学的なモデルが挙げられる。また，後者に分類されるものとしては，政治的有効性感覚や投票義務感，あるいは政治参加に対する忌避態度など，市民の意識や態度に着目して政治参加を説明する心理学的なモデルと，市民を合理的な意思決定をおこなうアクターとして捉えて，彼らが政治的な活動に参加することによっ

て発生する期待効用やコストから説明することを試みる経済学的なモデルがある。以下では，これらのモデルについて順に概観し，それぞれのモデルが抱える問題点を指摘した上で，本研究で提起する強化学習による政治参加モデルについて述べていくことにする。

3.1. 社会学モデル

どのような人々が政治的活動により参加しやすいのか。このことを説明する最も古典的な理論的枠組みが，市民の社会経済的地位によるものである。このモデルは，市民の職業や居住地，家族構成や教育程度，年収，そして年齢や性別といった個人の属性と，彼らをとりまく様々な環境から政治参加を説明しようとする。このモデルにおける政治参加のメカニズムの大枠は，以下のように捉えることができる。すなわち，政治的活動にはコストがかかり，参加するにはリソースが必要なため，活動に必要な知識や情報を入手しやすい職業についている市民や，年収や教育程度の高い市民がより参加しやすく，また，そのような市民が周囲に多く存在する市民もまた政治的活動に参加しやすい。実証研究でも，従来国際比較においては，社会経済的地位が高く都市部で生活している市民ほどより政治に参加することが確認されてきた（蒲島，1988；Pattie et al., 2004）。

しかしながら，こうしたモデルの最大の問題点は，社会経済的な地位の高さが政治参加に結びつくメカニズムが曖昧なことである。その結果，ある社会経済的地位にいる個人は政治参加に対してどの程度のリソースを有しているのか，あるいは，様々な政治的な活動に参加するにはそれぞれどの程度のコストがかかるのかといったことを理論的に予測することができない。この問題は，しばしば政治参加の要因を検討する際に不必要な混乱を引き起こすこともある。たとえば，蒲島（1988）によると，日本では都市部より農村部の住民の方が積極的な政治参加をおこなっていて，教育程度と所得は参加に対して独立した効果は見られないとされ，この理由として，蒲島は農村部の人々が動員によって参加しているため

であると説明している。もっとも，こうした農村部の住民による積極的な政治参加という傾向は，境家（2013）によって，1970年代－1980年代のみに観察されることであり，1960年代以前，そして1990年代以降では確認されないことが示されている。境家は1990年代に起きた変化について，農村部の動員圧力の減少と，都市部住民の政治的有効性感覚の上昇によって引き起こされたものと主張している。しかし，こうした説明は，「地位」から「動員」や後述する心理学モデルで取り上げる「有効性感覚」へと，政治参加の要因がすり替わっていることを意味する。

また，因果メカニズムのあいまいさは，実証レベルにおける混乱をも引き起こしている。たとえば，アメリカの黒人は一般的に社会介在的地位が低い傾向があるが，黒人としての意識を強く持っている市民は，社会経済的地位が低くても様々な活動に参加しているという研究や，教会での活動，ボランティアなど政治活動以外の参加経験がある市民は，年収が低くても政治参加しやすい傾向にあるという研究もある（Shingles, 1981; Verba and Nie, 1972）。これは，教会や礼拝所，あるいはモスクといった宗教施設に通うことで，政治参加に必要な情報やスキルを身につけることができるためだと考えられている（Wielhouwer, 2009: 409）。さらに，Tenn (2007) では，外生的なライフサイクル効果を排除すると教育の政治参加に対する効果は消えると主張している。このように社会経済的地位による説明は，参加しやすい市民の属性の傾向を表してはいるものの，必ずしも一貫した結果を得ているわけではない。しかも最終的に研究対象の地域に固有の理由に行き着くこともあり，その場合には反証可能性が担保されないことにもなる。

社会学モデルにおけるもうひとつの代表的な枠組みは，ソーシャル・キャピタルによるものである。ソーシャル・キャピタルとは，1980年代に社会学で発達し，一見非合理的に見える個人の行動を合理的に説明することを目的とした概念である（Coleman, 1990; Putnam, 1993; 鹿毛, 2002a, 2002b）。人的ネットワークをリソースとして活用することができれば，合理的に選択する行動も異なってくるという考え方で，社会学者のコールマンは，他人の助けに対するニーズ，他のアクターからの支

援がどれだけ得られるか，自分がどれだけリソースをもっているのか，他者に助けを求める行動に対する文化的な規範が何かなどによって，ソーシャル・キャピタルが発達していくと述べている（Coleman, 1990）。

ソーシャル・キャピタルの概念を政治学の分野に最初に用いたのは，Putnam (1993) である。パットナムはソーシャル・キャピタルを，「信頼感や規範意識，ネットワークなど，社会組織のうち，集合行為を可能にし，社会全体の効率性を高めるもの」と定義し，イタリアの各州における行政パフォーマンスの違いを，州ごとのソーシャル・キャピタルの違いによって説明した。そして，これら社会的信頼，互酬性の規範，市民的（水平的）な参加ネットワークなどが，政治システムに対する信頼感を高めて，政治参加を促進させると主張している（Putnam, 1993; 平野, 2002a）。パットナムは当初，ソーシャル・キャピタルは歴史的に醸成されていくものであり，長期的に変化しないとしていたが，後に中期的にも変化しうると修正している（Putnam, 1995; 鹿毛, 2002a）。

しかしながら，このような定義とその後おこなわれた研究には様々な批判がなされている。たとえば池田（2002）は，ソーシャル・キャピタル論に対するこれまでの批判を以下のように整理している。1. 定義の中に既に因果関係がふくまれている，2. 信頼とネットワークなど変数同士に整合性がない，3. ソーシャル・キャピタルが蓄積される短期的要因が示されていない，4. もともと集団（ネットワーク）に関する理論であり，個人の組織加入や信頼感を独立変数として分析するのは問題がある。

このような批判もあり，今日の実証研究では，ソーシャル・キャピタルに含まれると考えられる変数を個別に取り出した上で，分析に用いられることが多い。以下，日本における政治参加研究でこの概念を用いて分析しているものについて考察する。

平野（2002a）は JEDS2000 データを用いて，人間関係が水平的な組織への参加が他者一般への信頼・有効性感覚を高め，それが政治制度への信頼に影響し，そして全ての変数が政治参加に影響を与えるというモデルを構築して，実証分析をおこなっている。分析の結果，組織への参加，

一般的信頼のどちらも投票参加には影響を与えず，署名活動と選挙活動に対しては，水平的な組織への参加が影響を与えているものの，人間関係が垂直的なグループへの加入も政治参加に影響を与えると結論付けている。つまりパットナムのいうようなメカニズムで市民の政治参加がおこなわれているということは確認されず，むしろ組織による動員によって政治的な活動に参加している可能性が高いということを示唆している。

　また，岡田（2003）は JES II データの中でソーシャル・キャピタルの要因と考えられる変数（水平的人間関係，国の政治への信頼，政治的会話，自発的団体への加入など）で主成分分析をおこない，これらの変数が一次元的なものではなく，ネットワーク次元と信頼次元の2次元に分けられることを明らかにした。つまり，自発的な団体に加入し，水平的人間関係には大きな価値を置いていて，政治的会話の頻度も高いが，国の政治には信頼をおいていないというタイプの人と，政治的会話の頻度が高く，国に対する信頼もあるが，権威主義的で垂直的な人間関係に価値をおいているタイプの人に分けられるというのである。そして，投票参加には後者が大きな影響を与えており，前者は影響を与えていないとしている。岡田は，この理由として後者が動員によって投票に参加しているのに対し，前者は政治不信に陥り投票に参加しないからだと述べている。

　ソーシャル・キャピタルという概念を用いて政治参加を説明しようとした両者の研究には，理論的および方法論的な問題点があると考えられる。まず理論的な問題としては，どちらも政治エリートの動員が有権者の参加に直結することを自明として捉えている点である。両研究は共に結論として動員が大きな影響を及ぼしている可能性を挙げている。確かに両者の研究における従属変数は，選挙運動や投票への参加であるので，動員の主体は政治家や政党であり，彼らの動員力が強いことは十分に考えられることであろう。しかしながら，政治エリートからの動員がそのまま市民の参加に結びつくわけではないことは第2章で示した通りである。動員されて政治活動へ参加している市民には，動員を拒否しなかった何らかの要因があるはずだが，両者の研究はこの可能性を捉えていな

い。もうひとつの問題として，モデルが静態的であるという点が指摘できる。市民が参加依頼を受け入れた要因に市民のこれまでの経験といった時間に関わる要素が含まれるとすれば，これらの要因を分析の視座に入れないのは理論的な問題点といえる。そして方法論的な問題はこの理論的問題とも関連しているが，実証分析においてどちらも1時点のクロスセクショナルなデータしか用いていないことが指摘できる。すなわち，これらの研究からは市民の変化が捉えられないという問題がある。

社会学モデルの最後に，周囲の人々の「目」，すなわち社会的圧力（social pressure）が政治参加にもたらす効果を検証している研究について取り上げたい。社会的圧力とは，他者から褒められることを望み，非難されることを避けたいという人々の欲求が，結果的に社会規範に従うような行動を選択させることを意味する（Green and Gerber, 2010）。政治参加の文脈で言えば，「『有権者は投票すべきである（棄権するべきではない）』という社会規範が存在している」と認知した有権者が，この規範に従って投票所に行くことで他者からの「賞賛」を得ようとし，同時に，棄権して非難されることを避けようとするというわけである。この分野の代表的な研究としては，Gerber, Green and Larimer (2008) が挙げられる。ガーバーらの研究をはじめとして，社会的圧力の効果の検証には主にフィールド実験が用いられてきた（他に例えば，Larimer, 2009; Mann, 2010; Davenport, 2010; Davenport, Green, and Mann, 2010 など）。

基本的に実験は，ある地域の有権者を無作為に実験群と統制群とに割り当てた後，実験群の有権者に対して投票に関する社会規範を意識させるような郵便物を送ったり，対面での説得をおこなったりした上で，群間の投票率の差を検証するという手順で実施される。先述した Gerber et al. (2008) では，投票することが市民としての義務であることを強調したグループに加え，その後実施される選挙で被験者が投票したかどうかを実験者側が把握することを伝えたグループや，被験者自身とその家族のこれまでの投票記録を通知した上で，その後実施される選挙においても同様の通知をおこなうと伝えたグループ，更には同様の通知について近所の人々にもおこなうと伝えたグループなど，被験者に対して様々な

実験刺激を与えて統制群との投票率の差を比較し，こうした社会的圧力によって最大で 8 ％ほど個人の投票確率が上昇することを示している。Green and Gerber (2010) は，近年のこうした研究を整理し，社会的圧力と投票参加との関係について，次にあげる 3 点が明らかになったと論じている。

1. 被験者が実際に投票するかどうかを「監視」されていると伝えることの効果は大きく，市民としての義務を強調するだけでは（被験者を投票させるのには）不十分である。
2. 過去の投票記録を通知することも効果的で，特に，過去の選挙で棄権していたことを通知すると，その被験者の次の選挙での投票確率を大きく上げる効果がある。
3. 被験者に対して自身の選択が「監視」されていると伝えることの効果は，比較的長く続く傾向にあり，一度この刺激を与えられた被験者は，その後も選挙に参加し続けることが多い。

一連の研究によって，市民は，確かに社会的圧力にさらされることによって投票所に向かうことが明らかになったわけだが，これらの実験によって検証されたのは，市民が日常生活では存在しえない外的に加えられた社会的圧力[1]，特に他者の「目」を認知すると，投票確率を上昇させるということであり，投票参加のメカニズム自体が解明されたわけではない。いいかえれば，投票することを選んだ市民の大半が，他者の「目」を気にしているから投票所に足を運んでいると考えることは難しい。実際，このようなフィールド実験の被験者に対して，選挙に関する多くの情報を与えると，社会的圧力が投票参加に与える効果が小さくなるという報告もある（Krupnikov, 2013）。政治参加を説明するためには，彼らが投票するか棄権するかを選択するベースとなるメカニズムが必要なのである。このことは，グリーン自身も，あるときの選挙で投票すること自体が，後の選挙における投票確率を上げる可能性があることを指摘し

---

[1] もちろん，これは実験として当然の措置であり，だからこそ，それぞれの刺激の因果効果が「正しく」推定できるわけである。

ている（Green, 2013）。

3. 2. 心理学モデル

　本節では，政治参加を説明する心理学的なモデルとその問題点について述べる。具体的には，政治的有効性感覚や政治参加に対する受容度や忌避態度といった概念で政治参加を説明しようとするモデルをとりあげる。なお，前節でも触れた投票義務感については，経済学的なモデルの代表といえるライカーらのモデルと密接な関係があるため，次節でとりあげることにする。

　政治参加を説明するための心理的な概念として最も多く用いられてきたのは，市民が政府の政策決定に対してどの程度影響力を持っていると考えているのかという政治的有効性感覚の概念である。有効性感覚は，自身の能力として認知する内的有効性感覚[2]と，政府がどれくらい自分たちに対して応答的であるかという外的有効性感覚とに分けられるが，政治参加との関連を探る多くの研究では，内的有効性感覚の高低と政治参加の頻度との関連性を分析したものが多く，そのほとんどの研究が，政治的有効性感覚が高ければ政治的活動に参加しやすいという結果を導いている（Levi and Stoker, 2000）。

　しなしながら，有効性感覚と政治参加との因果関係は双方向であり，因果のどちらの向きがより強いのかは議論が分かれている（Theiss-Morse and Hibbing, 2005; Ikeda, Kobayashi and Hoshimoto, 2008）。たとえば，Levi and Stoker (2000) では有効性感覚の高い有権者ほど投票するとしている一方で，Clarke and Acock (1989) では，投票した候補者が選挙に勝利するとその有権者の内的有効性感覚が高くなると指摘している。すなわち，高い有効性感覚が政治参加をもたらすのか，多くの政治参加を

　2　世論調査では，「『自分自身には政府のすることに対して，それを左右する力はない』についてどう思いますか。この中からお答えください。選択肢『そう思う～そう思わない』」という質問に対して，「そう思わない」と答えた回答者を内的有効性感覚が高い回答者として捉えている。

おこなうから有効性感覚が高くなるのかはわからないのである。また，有効性感覚の高低を政治参加以外の要素で説明する多くの研究では，要素として所属する社会集団や教育程度など，先に挙げた社会経済的な属性を用いており，やはりそのメカニズムははっきりしていない3。

日本では，有効性感覚以外の心理学的モデルとして西澤（2004）による参加受容度，参加忌避態度の研究が挙げられる。西澤（2004）では，投票とそれ以外の活動の参加率のギャップは，政治参加という「公的なチャンネル」を通じた問題解決を望まないという，多くの日本人が持っている意識がもたらしている可能性があるとしている。このような活動の中で，日本において投票は「公式」な手続きとしてもっとも制度化されており，それが国民に対して基本的な権利として国から保障されている。このことによって，国民は投票を「正当な手段」として受け止めるため，参加に対する拒否感を低下させているというのである。逆に言えば，デモや集会のように，その活動の正当性に疑問を持つようなものに対しては強い拒否感を持ち続けるため，結果として投票とそれ以外の活動には参加経験率に大きな差が生まれるのだとしている。

これらを検証するために西澤は，投票外政治参加の要因を参加依頼（動員），参加受容度（関わりたくない意識），政治的会話頻度，政治的有効性感覚，選挙制度信頼，年齢，教育程度，通勤時間に挙げ，JEDS96データを用いて分析している。分析の結果，参加依頼（動員）と参加受容度が大きな影響を与えていて，その他の変数は参加依頼（動員）の要因と考えられると述べている（図3－1）。

しかしながらこの分析で用いた参加受容度については3つの問題点が存在する。第1に，参加受容度を測定する質問項目は，「これらの活動に今後，関わりたい（続けていきたい）と思いますか」と，有権者の将来（未来）に対する意識を尋ねている項目であるにもかかわらず，この項目

---

3 例外として Arai and Kohno (2007) では，属する社会集団の政府に対する影響力の変化が，有権者の有効性感覚に影響を与えていることを示した。

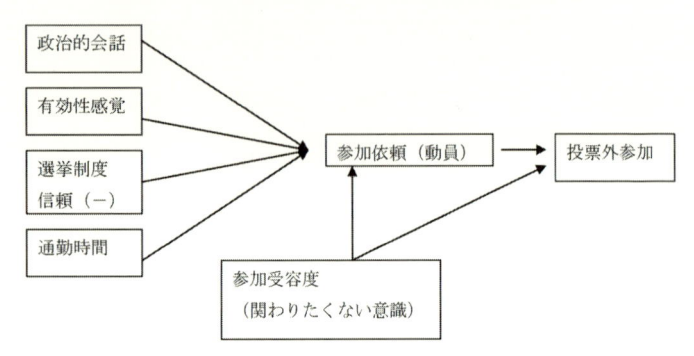

図3−1 西澤(2004)による投票外参加モデル

```
政治的会話 ─┐
有効性感覚 ─┤
            ├→ 参加依頼(動員) → 投票外参加
選挙制度    │        ↑
信頼(−)  ─┤        │
通勤時間 ──┘   参加受容度
                (関わりたくない意識)
```

西澤(2004)をもとに筆者が作成

を独立変数とし，過去の参加経験を従属変数として推定しているという点である。第2に，参加経験のない有権者と経験のある有権者とを分けずに分析したことが挙げられる。ある政治的活動に参加したことのある有権者は，その自分の経験をもとに今後も「関わりたい」か，それとも「関わりたくない」かを決めると考えられる。西澤(2004)では，参加受容度は日本人が有している政治行動全般に対する忌避感を測定するものとされている。そうであるならば，過去の参加経験に対する評価も含まれてしまっていると考えられる参加経験者は，参加未経験者とは「関わりたくない」の意味が異なるため，分析から除外する必要がある。そして第3の問題点は，参加受容度という市民の政治的活動に対する態度と，実際の参加という行動とは概念として非常に近接していることもあり，参加受容度の高低，すなわち「なぜ参加したいと思うのか」を説明することができないことである。西澤は投票に関しては，投票経験を繰り返すごとに，市民は投票に対する許容度を強めていくと述べている。であるとするならば，市民の過去の経験を分析の枠組みに組み込むことが必要となるのである。

ここまで，政治参加を説明する社会学的なモデルおよび心理学的なモデルとその問題点について論じてきた。第1章でも述べたとおり，これらのモデルにはもうひとつ，大きな問題点が存在する。それは，これま

で紹介してきたような市民の様々な属性や態度が，それぞれどのように因果的な関係を有しているのかが不明瞭であるという問題である。そうなってしまった大きな要因のひとつには，これまでの政治参加研究の多くが，学術世論調査データを計量分析することで自身のモデルや仮説を検証しようとしたことにある。当然，世論調査データ，特にパネル調査でないデータを用いた分析では，各心理的態度が政治的活動への参加に与える因果効果を測定することは困難であり，結果として，先行研究によって影響が確認された全ての心理的態度を，独立変数あるいは「統制」変数として統計モデルに組み込むという傾向があった。もっとも，Plutzer (2002) は，このように様々な要因をその時代の最新の統計モデルに投入しても，説明力が一向に上がっていないと指摘している。このような統計モデルは，独立変数同士の理論的な関係性が考慮されていないため，仮に研究者が新たに投入した心理的態度が，統計的に有意な影響を及ぼすという推定結果が得られたとしても，その研究者がたてた仮説が正しいと検証されたことにはならないことになってしまう。

この問題を解決するための有効な方法としては，パネル調査データを分析することで同一回答者の異なる時点における「変化」を観察するか，あるいは，実験をおこなうことで異なる刺激を与えた被験者間に生じる「差」を観察することが挙げられる。そこで本書第5章ではパネル調査データを用いた分析結果を示すとともに，第6章において有権者が属する集団と政治参加との関係を調査実験によって検証する。

3.3. 経済学モデル

経済学的な政治参加モデルでは，行為者の選択を選好とコスト，そして期待効用によって説明しようとする。代表的なものとしては，ライカーとオーデシュックの投票参加のモデルがよく知られている (Riker and Ordeshook, 1968)。また，政治的活動への参加を公共財供給メカニズムへの参加と捉えて，社会的ジレンマ状態での行為者の行動（協力または非協力）を表すモデルとして扱われることもある (Levine and Palfrey,

2007)。両モデルとも,行為者は将来得られるであろう効用が最も大きくなるような戦略をとるという仮定をおいている。しかしながら,民主主義のもとでの有権者の投票参加は,経済学的な合理性を前提とする理論では説明できないと筆者は考えている。そうした理論は,一般に合理選択理論4と総称されるが,実際,投票参加は,合理選択理論が直面する最も大きなアノマリー(anomaly)のひとつだといわれる(Bendor, Diermeier, Siegel, and Ting, 2011: 3)。古典的な決定理論(decision theory)にもとづくモデルにせよ,有権者の戦略的な思考を考慮するゲーム理論的なモデルにせよ,その理論的な帰結は,ほとんどの有権者が投票所に行かずに棄権するという予測である(例えば,Riker and Ordeshook, 1968; Feddersen and Pesendorfer, 1996など)。しかし実際には,国政選挙の投票率は,その低下が指摘されている多くの先進国においても,概ね50%以上を維持しており,このような理論と現実との乖離は,投票参加のパラドックスと呼ばれる。

投票参加のパラドックスとは,合理的な有権者は選挙で棄権するはずという理論的帰結にもかかわらず,実際の選挙では多くの選挙において過半数の有権者が参加しており,理論的予測と現実とが乖離していることを指す。投票参加は,様々な政治的活動の中でも参加するのにかかるコストとリスクが最も低いものである。ところが,自らの効用を最大化する合理的な有権者を仮定すると,自分の投じる1票が選挙結果に影響を及ぼす確率は非常に小さいため,参加することによって得られる利得よりもコストが上回ってしまう。ここで想定されているモデルは合理選択理論にもとづくものであり,先ほど述べたとおり,もっとも有名なモデルはライカーとオーデシュックの投票参加のモデルだろう(Riker and

---

4 ここでの「合理的選択理論」とは,アクターが自らの期待効用を最大化すると仮定して,アクターの行動を説明しようとする理論のことを指す。なお,後に挙げる学習理論については,合理選択理論の範疇に入るという主張と,合理選択理論から逸脱するという主張の両者が存在する(Lupia and McCubbins, 1998)。学習理論は最大化原理にもとづくものではないので,本研究では,後者の立場をとる。

Ordeshook, 1968)。ライカーらの投票参加モデルは，以下のように表わされる。

$$R = pB - C + D \qquad (式1)$$

式1において，Rは有権者個人が投票によって得られる効用を，Bは有権者が最も好む候補者が当選したときに得られる利得と，最も好まない候補者が当選したときの利得との差を表す。また，pは投票によってBを得る有権者個人の主観的確率であり，Cは投票に際して生ずる有権者のコストを意味する。そして最後にDは有権者としての義務を果たすことによる効用（duty）または，選挙を通じた民主主義システムが維持されることから得られる長期的な効用（democracy）を表している。有権者は，Rの値がゼロより大きい場合には投票し，ゼロより小さい場合には棄権する，ということになる。

ライカーらのモデルは，元々は古典的な決定理論にもとづくモデルであったが，後に，ゲーム理論が政治現象についての分析にも応用されるようになるにしたがって，有権者が他の有権者の動向をふまえた上で戦略的に行動を選択することを想定したモデルも考案されてきた（例えば，Feddersen and Pesendorfer, 1996; Levine and Palfrey, 2007 など）。こうしたモデルは，投票参加を公共財供給メカニズムへの参加と捉えて，社会的ジレンマ状態での行為者の行動（協力または非協力）を表す，より一般的なモデルの一種ということができる。しかしながら，どちらのモデルにせよ，多くの場合でRが負となり，その理論的な予測は「ほとんどの有権者が棄権する」という現実離れしたものになってしまう。そして，このような現実離れした予測を導いてしまう最大の原因は，pの値にある。

決定理論にもとづくモデルでは，pの値は外生的に与えられると考えられてきた。pは，自分の1票が選挙結果に与える影響が大きい時（pivotal）ほど大きくなるが，これはたとえば，選挙区の規模が大きくなるほど，つまり自分の一票の"価値"が低下するほど，小さくなる。現代

のほとんどの民主主義国において、ひとつの選挙区における有権者数は、最低でも数万人にのぼり[5]、実質的に、pはゼロに極めて近い値となるのはいうまでもない。このような批判に対して、pの値は「主観的」確率であって、必ずしも客観的な確率ではないことを強調する研究もある[6]。この「主観的」な確率は、有権者の政治的洗練性が上がるほど、「客観的」な確率に近づくことが予想される。だとすると、政治的洗練性の高い有権者の投票確率は低いはずであるが、実際には、洗練性の高い有権者ほど投票する傾向があり、現実との間に大きな齟齬が生まれている。

一方で、ゲーム理論的なモデルにおいては、pの値は内生化されている。しかし、決定理論と比較すると、有権者が自分の期待効用を計算するのに必要な能力が飛躍的に上がってしまい、現実の有権者の情報処理能力からかけ離れてしまっているという批判が新たに指摘されている (Bendor et al., 2011: 16-17)。また、ベンダーらはこうしたゲーム理論を用いた参加モデルについて、投票コストがゼロであるといった例外的な場合を除くと純粋戦略が存在しないことに加え、対称均衡ではないこと、つまり、ある有権者は混合戦略を採用する一方で、別の有権者は純粋戦略を採用していることを批判している (Bendor et al., 2011: 81)。

ここにおいて、Rの値が正になる、つまり有権者が投票に行くには、Dの値が正となることが必要条件となるわけである。そして、確かにほとんどの世論調査データを分析すると、投票義務感と政治参加との間には強い相関関係が見られ、参加の有無を従属変数とした回帰分析をおこなえば、義務感は必ずといっていいほど正で有意な値をとる。しかしながら、Dについては理論的、方法論的な問題点を指摘する研究者も多い (Bendor et al., 2011: 16-18)。すなわち、理論的には、利己的な個人が「義務を果たす」ことを効用として捉えることが、合理選択理論がもつ大前提と整合的でないという問題がある。また、方法論的には、モデルから

---

[5] 2012年9月時点で、日本におけるもっとも有権者数が少ない衆議院小選挙区は、高知3区（205,461人）である。

[6] 例えば、選挙前後の世論調査で主観的な接戦度合いを尋ねた質問に対する回答をpの値として用いる研究などはこれにあたる。

導き出された帰結が現実と合わないからといって，アドホックに様々な効用をモデルに付け加えていけば，最終的には何でも説明できてしまうという反証可能性の問題が存在する。加えて，社会学モデルの節で述べたように，選挙時に有権者に対して投票に行くように社会的圧力をかけるフィールド実験では，投票義務感を高める刺激自体には投票確率を上昇させる効果が確認されていない。このことをふまえると，義務感と参加との間に確認される強い相関関係は，義務感が参加を促進させるからというよりは，市民が政治的活動に参加し続けることによって，徐々にその活動に参加し̇な̇く̇て̇は̇な̇ら̇な̇い̇と認識するようになるからと考えた方が，より自然といえよう。また，Dを「選挙を中心とした民主主義システムが維持されることによる個人の長期的な効用」と捉える考え方は，理論的に大きな矛盾を抱えている。なぜなら，Dを効用として捉えるのであれば，Bにpが掛けられているのと同様に，Dにも「自分の1票によって，民主主義システムが維持され，効用Dを得られる確率」を掛けなければならないからである。この確率が，pよりも小さくなってしまうのは明らかである。

　経済学的モデルが抱えるもうひとつの問題点を挙げておきたい。それは，どのモデルも個人の選択の結果から生まれる社会状況を，何らかの均衡状態として分析していることである。上述のモデルも含めて，従来の分析では，均衡にいたるアテイナビリティ（attainability）が考慮されることはなく，どのようなプロセスを経てその均衡に至るのかを明らかにした研究は少ない。そもそもこれらのモデルでは均衡にいたる時間軸は分析の射程外であり，本来モデルから予測できることは「いつか，ある時点で」均衡に至るということのみである。にもかかわらず，これらのモデルは，現実の政治状況そのものが，既に均衡状態になっていると捉えている（Kollman, Miller and Page, 2003: 8-9）。Epstein and Hammond (2002) のシミュレーションモデルで示されているように，非常に簡単なルールのゲームでさえ，大半の時間は「非均衡」状態なのである。複雑な社会における個人の振る舞いの結果である政治状況を「均衡」として捉えるのは現実的ではない。むしろ，不安定で非均衡な状態であると考

えることによって，よりダイナミックな説明ができると考えられる。

また，合理選択理論にもとづく投票参加のフォーマルモデル[7]は，非常に精緻であるが故にモデルの妥当性を検証できるような観察データを入手することが難しいという問題もある。日本に関しては，数少ない研究例として，岡田（2003）や鬼塚（2000, 2004）による実証研究が挙げられる。岡田の検証によると，各変数は投票参加と相関をもっていたが p と B に関してはばらつきがあり，C と D は安定していたという。すなわち，有権者は投票に対するコストと義務感を考慮して参加するか，あるいは棄権するかを決めているとはいえるが，合理選択理論の前提である期待効用の最大化にもとづく行動は確認されなかったのである。また，鬼塚は，公共財を得ることによる便益とそれが達成される可能性との積に，個人的誘因を加えたものが，参加コストよりも大きければ協力行動をとるというモデルを構築し，地域政党の会員および生活クラブ生協の組合員に対して，仮想の選挙状況における会員の意識と行動に関する調査をおこなった。より具体的には，会員・組合員に対して仮想の選挙の，候補者の当選条件や他の会員の行動についての情報を与えた上で，選挙運動に協力するかどうかを尋ねた。公共財による便益とは候補者の当選から得られる利益であり，選挙運動を考えると，これが参加コストを上回ることは考えづらいことから，協力（参加）を選ぶ会員には個人的な誘因があるはずだが，分析結果からは有意な要因は特定できなかったという。さらに，この仮想の選挙状態において，ただ乗り（free ride）する会員はほとんどなく，便益や誘因が小さいにもかかわらず協力（参加）を選ぶ「自己犠牲的」な行動を選ぶ会員が1／4程度確認されたとしている。

以上のように，合理選択理論に基づいたモデルには，理論的，方法論的，そして実証的にも多くの問題を抱えている。特に，これらのモデル

---

7 研究対象となる主体の行動や選好に関して基本的な仮定を設定し，この仮定から演繹的に導出されたモデル。数理的にモデルが構築されることが多いが，必ずしも同義ではない（堀内，2000：933－934）。

には，市民が期待効用を考慮して，それを最大化しようとするという前提があるものの，このような前提に導かれた結果は，実証的に確認されていない。この結果は日本だけではなく，たとえば市民が自分の選挙区の情勢や，候補者や政党についての知識や情報を有していないことは，各国でおこなわれた多くの実証研究でも確認されている（Niemi and Weisberg, 2001: 100-113）。仮に市民がこれらの情報を有していたとしても，自らの期待効用を最大化する戦略を決定するには，選挙活動や投票といった活動は複雑過ぎて，その情報処理能力の限界を超えるだろう。したがって，自分の行動がどのような帰結をもたらす可能性があるのかを市民自身が予測することは困難であると考えられるのである。そこで次節では，本書が検証しようとしている習慣的投票とそのメカニズムと考えられる強化学習について説明する。

3.4. 習慣的投票者と強化学習

　習慣的投票者（棄権者）とは，選挙ごとの様々な状況，たとえば，争点の有無と種類，与野党の選挙情勢や自身の選挙区における立候補者の状況，あるいは政府・与党の業績や景気，さらには結婚や出産，就職や転職といった自身をめぐる環境の変化などに左右されずに，どんな選挙でも投票し続ける（あるいは，棄権し続ける）有権者のことを指す（Plutzer, 2002）。Plutzer (2002) は，ANES (American National Election Studies) のパネル調査データを用いて，有権者にこうした傾向があることを示している。より具体的には，有権者が選挙権を得た最初の選挙において投票するかどうかは，両親の党派性の強さと投票習慣の有無，教育程度，そして社会経済要因によって大きく左右され，この時期に連続して投票し続けた有権者は，年齢を重ねるにつれて両親からの影響は低くなっても，また，自身の結婚など投票習慣を変える可能性がある出来事を経験しても，投票し続けることを明らかにしている。

　また，Gerber, Green and Shachar (2003) も，フィールド実験によって，一度投票所に足を運んだ有権者は，その次の選挙でも投票する傾向があ

ることを示している。彼らは，1998年の選挙前に，無作為に割り当てられた有権者に対して，投票することを促すメッセージを訪問，郵便，そして電話といった手段で送り，実験群と統制群の投票率を比較している。実験の結果，投票を促すメッセージには有権者を投票所に向かわせる効果があることが確認されたことに加え，投票するように呼びかけられた被験者は，翌年の選挙においても，投票し続ける傾向があることを示した。ガーバーらは，過去の選挙で投票した経験は，現在の選挙での投票確率を47ポイントほど押し上げる効果があることを明らかにしており，習慣的投票の効果は，教育や加齢といった投票確率を上げると考えられているその他の要素と比べてもはるかに大きいと論じている。著者の1人であるグリーンは，その後，最初の選択（投票または棄権）自体を無作為に割り当てた上で，選挙が繰り返される中での被験者の行動を比較するという実験もおこなっており，やはり，最初に投票することを割り当てられた被験者は，棄権することを割り当てられた被験者と比較して，投票し続ける傾向にあると報告している（Green, 2013）。

　このように，有権者が習慣的に投票あるいは棄権する傾向があることは，様々な研究によって明らかになっている。しかし，どのようなメカニズムで有権者の投票，棄権が「習慣化」するのかということについては，これまで，加齢・ライフサイクル効果や慣性（inertia）・経路依存といった極めてあいまいな仮説しか提示されてこなかった（Plutzer, 2002）。そうした中で，Fowler (2007) は，有権者が選挙のたびに投票するかそれとも棄権するかという選択を繰り返していく様子を強化学習として捉えることで，習慣的投票者（棄権者）が生まれるメカニズムを説明できると論じたのである。

　強化学習とは，限定合理性[8]のもとにおかれた人間の行動原理のうちのひとつで，自らの過去の選択とその帰結から次回の自分の行動を決定することを指す（Gintis, 2000）。人工知能や心理学の分野では，教師なし学習の一種とされており，行動主体の選択に応じて報酬が与えられるこ

　8　限定合理性の詳細については，Simon (1985) を参照されたい。

とで，徐々に報酬が最も高くなるような選択肢を学習していくとされる。近年では，神経科学での応用も進んでおり，ヒトや類人猿などは，大脳基底核で強化学習をおこなっていると考えられている（春野・田中・川人，2009；永雄，2008：118）。具体的には，大脳基底核の主要な構成要素のひとつである線条体が，大脳皮質の様々な領域から入力される信号を報酬予測にもとづいて取捨選択した上で，運動前野や補足運動野に送っていると想定されている（永雄，2008：118）。

先述した投票参加のパラドックスを解決しようと，近年，数理モデルを用いる研究者が，投票参加や投票方向をモデル化する際に，心理学などから発展した行動意思決定理論（Behavioral Decision Theory）[9][10]にもとづくモデルを構築するようになった（Fowler, 2007）。強化学習にもとづく投票参加モデルも，このような流れの中で提起されたモデルのうちのひとつである。この概念を用いて個人の行動を説明しようとするアプローチでは，合理選択理論と同様に数理的にモデルを構築して解析的に均衡点を求めるか，コンピュータによるシミュレーションがおこなわれることが多い。投票参加研究に関しても，以下で紹介するようにコンピュータを用いたシミュレーションが使われはじめている。

投票参加にこの強化学習を応用したモデルとしては，Bender et al. (2003, 2011) や先ほどふれた Fowler (2007) が挙げられる。これらのモデルでは，有権者は過去の自らの行動と周囲の行動の結果，つまり選挙結果をもとに，得られる報酬に対する満足水準（aspiration）のレベルが変化することによって，次回の選挙に参加する確率を変化させていく。モデルで想定されているアクターは自らの期待効用を最大化させる "Prospective Optimizer" ではなく，前回を上回る分だけの良い成果を追求する "Adaptive Satisficers" として設定されている。そして，シミュレーシ

---

9 ベンダーらは，著書において行動理論（Behavioral theory）と表記しているが，理論に含まれる概念は行動意思決定論と同義であり，本書では行動論や行動主義との混同を避けるためにも後者に統一する。

10 投票方向や，情報処理プロセスに対して行動決定理論を用いた研究として Lau and Redlawsk (2006) がある。

ョンでは，そのような適応的合理性（adaptive rationality）を持つ有権者は，自分の1票が結果に影響を及ぼす可能性が低く，投票にかかるコストが大きくても投票することを示している。

　Fowler (2007) は，シミュレーションによって作り出されたデータと，パネル世論調査における有権者の投票回数[11]とを比較し，どちらのデータも，1回も参加しない有権者と，おこなわれた選挙全てに参加する有権者の2極に分布が分かれることが示されている。ファウラーはこのことから，有権者の投票参加は適応学習に基づいておこなわれている可能性が高く，このような行動原理が働く有権者は，選挙ごとに参加するかどうかを決めるような「気まぐれな投票者（casual voter）」ではなく，常に参加するか全く参加しないかのどちらかの行動を取る「習慣的投票者（habitual voter）」であると論じているのである。

　シミュレーションによって仮想的に作り出されたデータは，現実に観察されたデータと比較して，モデルの妥当性が検証されなければならないが，そのような研究はこのような分野ではまだ多くはない（Gilbert and Troitzsch, 1999）。強化学習を用いたシミュレーション結果と観察データとの比較をおこなった，数少ない研究のひとつとしては，Richards and Hays (1998) が挙げられる。彼らの研究では，相手の行動メカニズム（効用関数）がわからない状況で，単純なゲームを繰り返した時に，プレイヤーがどのように行動を決定していくかを実験[12]とシミュレーションを用いて分析している。相手のアルゴリズムと効用関数がわからない状況下で，被験者はコンピュータと対戦を繰り返す実験をおこなう。そして，人が不確実性の下で自分の戦略を決定していく過程をモデル化し，

---

[11] ミズーリ州セントルイスで選挙時におこなわれた7回のパネル世論調査データを用いている。

[12] 実験は以下の手順でおこなわれている。被験者とコンピュータがそれぞれ1～100までの数を選び，その数字と効用関数に基づいて被験者とコンピュータの双方に利得が与えられ，被験者はこの対戦を150回程度繰り返す。この時，被験者には双方の効用関数とコンピュータのアルゴリズムは知らされない。

シミュレーションによって作り出した仮想のデータと実験結果とを統計解析し，両データの近似度を測定することによってモデルの妥当性を検証している。分析結果からリチャーズとヘイズは，人間は相手の行動メカニズムが不明瞭な場合，相手の過去の行動を見ながら相手の行動メカニズムを大まかに予想して，それに対する最適行動を選択する，と論じている。

当然，投票参加についてもこのような実証研究によって，有権者が強化学習にもとづいた政治参加をおこなっているのかを検証する必要があるわけだが，そうした研究は筆者が見る限りまだない。特に，有権者が自らの過去の行動とそこから得られる報酬を評価し，その評価によって次回の行動が変化するというこのモデルの鍵となる前提は，ファウラーがおこなったような集計データの比較からは正しいかどうか判断することができない。どうしても，個人レベルのデータによる検証が必要になるのである。また，詳細は次章で述べるが，これまで紹介してきたシミュレーションを用いた研究は，有権者が学習していくプロセスへの注目が十分ではなく，シミュレーションの利点が生かし切れていない部分もある。本書の第4章および第5章では，強化学習にもとづく習慣的投票モデルをめぐるこうした問題点を克服すべく，新たなシミュレーションと，パネル世論調査データを用いた実証研究の結果を示していく。

3.5. まとめ

以上，これまで政治参加を説明する諸理論とその実証研究について整理してきたが，ここで改めて各理論とその実証研究の問題点についてまとめておこう。まず，社会学モデルは，地域によって参加しやすい市民の傾向が異なるとされ，一貫性がなく，メカニズムも曖昧である。また，政治エリートからの動員による説明は，動員を拒否しない要因を明らかにする必要があるであろう。経済学モデルでは，理論的な予測が現実とかけ離れてしまっていることに加え，実証研究において期待効用を最大化する行為者というモデルの前提が反証されている。心理学モデルでは，

政治的有効性感覚は政治参加との因果関係の向きについて議論があり，参加受容度・忌避態度については，その高低を説明するためにも，市民の過去の経験を考慮する必要があるといえるだろう。

　そして，強化学習モデルは，このような従来のアプローチが持つ問題点を克服できると考えられる。すなわち，有権者が過去の自らの選択とその帰結から学習[13]していくというプロセスは，社会学的アプローチよりも動態的であり，心理学的アプローチよりも明確に描かれたメカニズムにもとづいている。また，このモデルで想定される有権者の合理性は限定的なものであり，モデルから導出される理論的な帰結も，一定の有権者は投票し続けるという現実に近いものになっている。加えて，このモデルは動態的であるがゆえにエージェントである有権者同士のみならず，エージェントとそのエージェントが埋め込まれている文脈，すなわち有権者とその有権者が属する社会の制度や，有権者が直面する情勢を内生的に扱うことができるものであり，国によって説明に用いられる理論が異なっていたこれまでの投票参加研究よりも，より一般的な理論の構築に貢献できると考えられるのである。

　ただし，このモデルについても，理論の前提となる市民の判断能力を検証するとともに，このモデルによって導かれる結果だけではなく，そのプロセスを検証する必要がある。そこで次章ではまず，Bender et al. (2003) と Fowler (2007) の強化学習モデルの詳細について述べ，次に両者の研究では検討されなかった，シミュレーションが収束していくプロセスを分析するために，新たに修正したモデルでのシミュレーション結果を示す。そして最後に，世論調査データを用いたシミュレーションをおこなうことによって，修正したモデルの予測力とライカーらの投票参加モデルの予測力との比較をおこなうことにする。

　13　ベンダーらは著書の中で，学習（learning）と適応（adaptation）を同一なものとして定義している（Bendor et al., 2011: 12）。

第4章　強化学習モデルにもとづく
　　　　有権者の投票参加[1]

　前章までに提示した政治参加をめぐる理論と現実との間に存在する大きな乖離を埋めるべく，本章では，強化学習（reinforcement learning）にもとづいた政治参加をモデル化し，投票参加研究の新たなアプローチを提唱する。そして，このメカニズムにしたがって学習していくエージェント（あるいはアクター）を世代や地域といった，より現実の選挙に近い文脈に埋め込んだ状況をシミュレーションによって作りだし，これまで検討されることのなかったシミュレーションの収束プロセスを分析することで，エージェントと文脈との相互作用が，どのような"社会"を形成させるのかを検証する。まず，強化学習を投票参加に応用した代表的な研究である Bendor et al. (2003) と Fowler (2007) のモデルの詳細について述べ，このうち Fowler (2007) のシミュレーションを追試し，この

---

[1] 本章は，荒井紀一郎. 2013.「有権者の投票参加メカニズム：強化学習モデルのシミュレーションと実証」河野勝編『新しい政治経済学の胎動　社会科学の知の再編へ』第5章139-171頁，勁草書房の内容を一部修正，加筆したものである。

モデルの問題点を指摘する。次いで，追試によって明らかになった問題点を改善するためにモデルを修正し，再度シミュレーションによって分析をおこなう。具体的には，ファウラーのモデルの有権者に「世代」と「寿命」及び「遺伝」といった，選挙と有権者との関係を考察する上で不可欠な文脈を新たに導入し，選挙をめぐって有権者の学習が繰り返されることによって出現する"社会"の諸相を観察する。最後に，このモデルと第3章で述べたライカーらの投票参加モデルのパラメータに，パネル世論調査データを代入して有権者の行動を予測し，実際の行動と両モデルの予測との一致度を算出することで，両モデルの予測力を比較する。

4.1. 強化学習とシミュレーションアプローチ

Bendor, Diermeier, and Ting (2003) は，心理学における強化学習のモデルのひとつである Bush-Mosteller モデルを応用した投票参加モデルを構築し，シミュレーションによって集計された投票率は，投票コストが高くても，現実の選挙における投票率に近いことを示した。Bush-Mosteller モデルは，個人が何らかの意思決定を繰り返していく状況下において，過去の行動とその結果から次の行動を決定するプロセスを表すモデルである。このモデルにおける個人は，未来を予想して最大化行動をとるのではなく，自らの過去の行動結果に適応して次の行動を決めることが想定されている。数少ない実証研究のひとつである Kanazawa (1998) では，アメリカの世論調査データである ANES データ (American National Election Survey) を用いて，有権者がこのモデルのような投票参加をおこなっている可能性があることを示唆している。

しかしながらベンダーらのモデルは，集計レベルでは現実の投票率に近い結果を示しているものの，モデル内での個人の投票行動を追っていくと，選挙ごとに投票したり棄権したりを繰り返す"Casual Voter"が多いことが Fowler (2007) によって報告されている。そこで Fowler (2007) は，自ら新しくモデルを作るにあたって，実際の選挙では有権者は毎回投票する習慣的投票者（Habitual Voter）と毎回棄権する習慣的棄権者

図4−1　強化学習による投票参加モデル

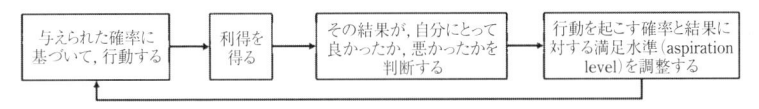

| 与えられた確率に基づいて，行動する | → | 利得を得る | → | その結果が，自分にとって良かったか，悪かったかを判断する | → | 行動を起こす確率と結果に対する満足水準(aspiration level)を調整する |

出典：Bendor et al. (2003) Fig.1を筆者が訳した

(Habitual Abstainer) とに分かれることを示し，修正したモデルのシミュレーション結果とパネル世論調査データを比較して，自身のモデルの妥当性が高いことを示している。

　ここで，2つのモデルを整理してみよう。両者のモデルにおける有権者の行動は，図4−1のフローチャートのように表される。Fowler (2007) のモデルは，ベンダーらのモデルの有権者の投票確率を表す部分に修正が加えられたモデルである。

　このように，有権者や政党の意思決定や行動を数理モデルで記述し，コンピュータによるシミュレーションによってそのモデルの振る舞いを観察する研究は，特に近年になって多くなってきた (Kollman, Miller and Page, 1998; Laver, 2005 など)。シミュレーションを用いるひとつの利点は，複雑なモデルで解析的に均衡を求めることが困難であったり，あるいは均衡の存在しない場合であっても，モデル内のエージェント（ゲーム理論でいうプレイヤー）がどのように行動するかを観察することができ，均衡がある場合には，均衡にいたるアテイナビリティ (attainability) を検証できることにある (Kollman, Miller and Page, 2003)。また，結果としての均衡の有無のみならず，個々のエージェントやシステム全体の時間的変化など，モデルの振る舞うプロセスを観察できるという点も，シミュレーションの方法論的長所として挙げられることが多い (Johnson, 1999; Gilbert and Troitzsch, 1999; 山影，2007)。

　しかしながら，このようなシミュレーションを用いた研究にも，さらなる改善の余地が大きく残されている。というのは，こうした既存の研究では，モデルが動き出してから数百〜数千ステップ目のエージェントやシステムのパラメータを集計したものを結果として報告し，その集計

結果を統計解析することでモデルの妥当性を検証することが主流だからである（稲水，2006）。言い換えれば，モデルの振る舞いが収斂していく過程で各エージェントがどのように変化しているのかを明らかにできるという，シミュレーションの本当の利点を活かした研究はまだ少ないのである。先に挙げた強化学習を投票参加に応用した研究でも，有権者がモデルにもとづくメカニズムによって行動しているのか否かを直接検証しているわけではなく，シミュレーションによって作られたデータと，投票率や投票回数などの集計された観察データの分布の近似度によって，モデルの妥当性を検討しているにすぎない。つまりこの2つの研究では，有権者が自らの経験を評価し，その評価をもとに次回の行動を決定するという，強化学習モデルが持つ有権者の能力に関する仮定については，実証的に分析がなされていない。また，コンピュータによるシミュレーションならば，モデルの収束状況だけでなく，収束に至るプロセスも観察することができるが，両者の研究は，どちらもこうしたプロセスに着目しておらず，シミュレーションがもつポテンシャルを十分には活かせていないといえる。

4. 2. ファウラーの投票参加モデル

本節では，ベンダーらのモデルを改良したファウラーのモデルについて詳述する。いま，n_R人のR党支持者とn_D人のD党支持者がいる選挙区（$N = n_R + n_D$）を想定する。各有権者はそれぞれt時点ごとに投票するか，棄権するかを選択する。投票することを決めた有権者は，自分の支持する政党のみに投票する。投票の結果，t時点ごとに多くの有権者が投票した政党が選挙に勝利する。自分の投票行動と選挙結果によって得られる利得πは以下のとおりである[2]。

---

2 ベンダーら，ファウラーどちらのモデルも，不確実性を組み込むために一定の確率で利得に対してランダムショック（$\theta_{i,t}$）が与えられる。

①投票して，支持政党が勝利すると $\pi = b - c$
②棄権して，支持政党が勝利すると $\pi = b$
③投票して，支持政党が敗北すると $\pi = -c$
④棄権して，支持政党が敗北すると $\pi = 0$

ここで，b は選挙結果から得られる利得を，c は投票コストを表す。有権者 i が t 時点において投票する確率を $p_{i,t}(V) \in [0, 1]$ とする。有権者の選択肢は，支持政党への投票と棄権しかないので，棄権する確率は $p_{i,t}(A) = 1 - p_{i,t}(V)$ となる。それぞれの有権者 i は，得られる利得に対する満足水準[3]（aspiration level）$a_{i,t}$ を持っていて，式2で示されるように，$a_{i,t+1}$ は前回の満足水準と選挙で得られた利得との重み付き平均で表される。

$$a_{i,t+1} = \lambda a_{i,t} + (1-\lambda) \pi_{i,t} \qquad (式1)$$

それぞれの選挙後，有権者の投票及び棄権の確率 $p_{i,t;}(I)$, $I \in \{V, A\}$ は，利得と満足水準との関係によって以下のように定義される[4][5]。

$$\pi_{i,t} \geqq a_{i,t} \text{ ならば } p_{i,t+1}(I) = \min(1, p_{i,t}(I)+\alpha)$$
$$\pi_{i,t} < a_{i,t} \text{ ならば } p_{i,t+1}(I) = \max(0, p_{i,t}(I)-\alpha)$$

ここで α は強化学習のスピードを表し，min(a, b) は a と b のうち値の小

---

3 要求水準ともよばれることがある。
4 ベンダーらのモデルにおける，有権者の投票確率を表す式は以下のとおり。

$$\pi_{i,t} \geqq a_{i,t} \text{ ならば } p_{i,t+1}(I) = p_{i,t}(I) + \alpha(1-p_{i,t}(I))$$
$$\pi_{i,t} < a_{i,t} \text{ ならば } p_{i,t+1}(I) = p_{i,t}(I) - \alpha p_{i,t}(I)$$

5 ベンダーら，ファウラー両者のモデルともに一定の確率で投票確率を変えない有権者がいる。

さい方を，max(a, b) は a と b のうち値の大きい方をとることを表す。

シミュレーションでは，両者のモデルとも各パラメータに様々な値を入れてモデルの振る舞いを検証しているが，主要な結論は，パラメータを以下の値に設定したときのシミュレーション結果をもとに導いている。すなわち，$N=10000$，$n_R=n_D=5000$，$b=1$，$c=0.25$，$\alpha=0.1$，$\lambda=0.95$，$p_{i,t=0}=a_{i,t=0}=0.5$ である。以下，本章の分析でも特に断りのない限り，シミュレーション結果はこれらの値をパラメータとして用いている。また，両研究と同じように1000ステップ目のものを1000回繰り返した平均値[6]をシミュレーション結果として分析に用いることも，ここであわせて断っておく。次節では，まず，ファウラーモデルを追試し，シミュレーション結果がファウラーの報告と同様の結果を得られたことを示す。その上で，このモデルにおける有権者の投票方向と選挙結果が現実と乖離していることを示すことにする。

4. 3. 投票率，個人の行動と選挙結果

それでは，筆者がおこなったファウラーモデルの追試の結果から示していこう。表4－1はこのモデルを追試した時の党派別，すなわちアメリカの有権者を想定した民主党（democrats）と共和党（republicans）ごとの平均投票率である。平均投票率は Fowler (2007) で報告されている結果とほぼ同じ値が得られ，投票コストがある程度高くても有権者が投票することを示している。次に，図4－2は1000ステップ目（t=1000）の有権者の過去6回の投票回数を表したものである。1回も投票に行かない有権者とほぼ毎回投票する有権者に分かれることが示され，ファウラーの報告通り，このモデルでの有権者は習慣的投票をおこなっていることがわかる。

表4－1　投票コストと平均投票率（Fowler's Model）

C	平均投票率（t=1000）	
	Democrats	Republicans
0.05	0.447	0.464
0.25	0.248	0.254
0.80	0.121	0.086

6　この操作の目的は，主に初期値の影響をなくすためである。

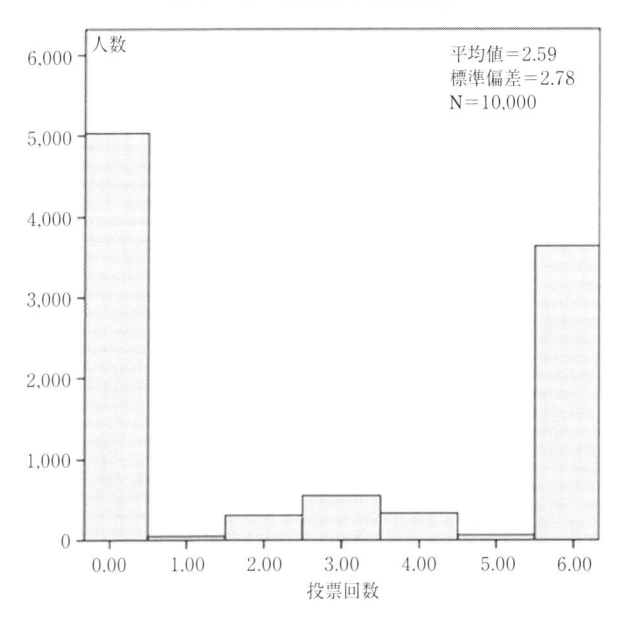

図4-2　有権者の投票回数

平均値＝2.59
標準偏差＝2.78
N＝10,000

　ここまでの結果から，追試したモデルはファウラーのモデルを忠実に再現しているといえるので，このモデルがどのような選挙結果をもたらしているのかをあらためて詳しく検討してみたい。図4-3は1000回繰り返したシミュレーションのうちのある回における，各党への投票者数及び棄権者数を各回の選挙ごと（ステップ）にグラフ化したものである。グラフの横軸は200ステップまでとなっているが，この後も大きな変化は見られない。この図から，最初に選挙に勝った政党がその後の選挙でも勝ち続けているのがわかる。次に，この回の有権者の投票回数を政党別に分けて表したものが図4-4である。この図からも，常に投票している有権者は最初に勝った政党に投票している有権者しかいないことが示されている。

　これらの図は1000回のシミュレーションのうちのひとつを抜き出したものである。1ステップ目の選挙での両党の勝利確率はほぼ50％ずつであるため，表4-1のように1000回のシミュレーションの平均値を取れ

図4-3　ファウラーモデルのシミュレーション

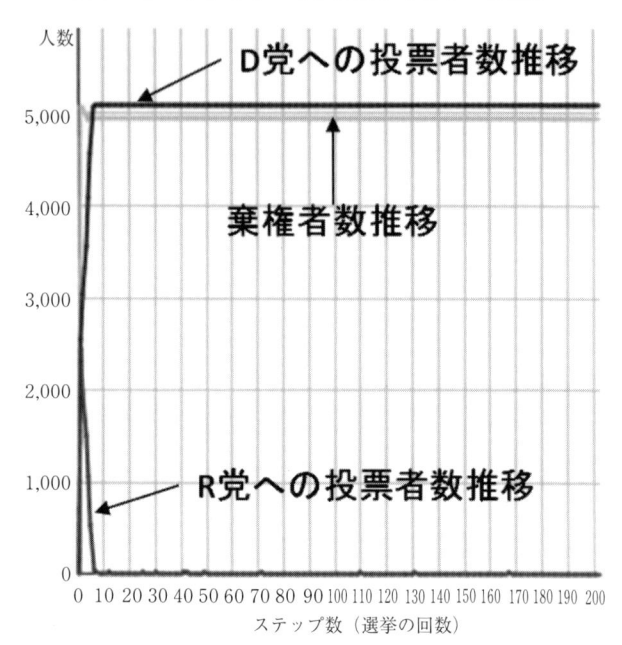

図4-4　党派別投票回数分布

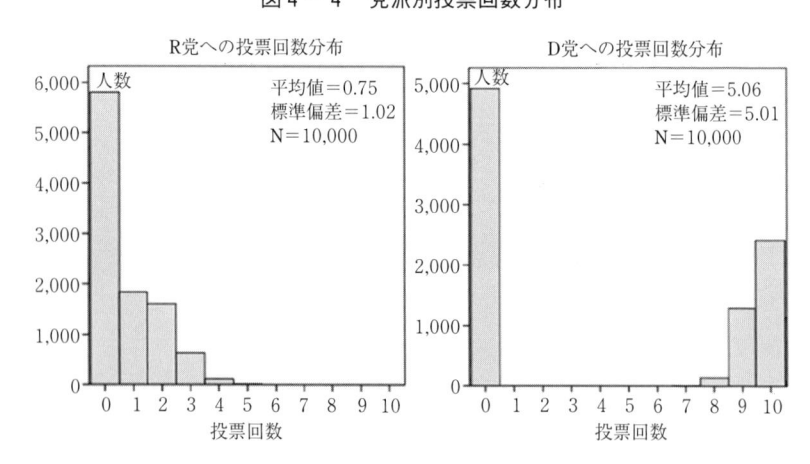

R党への投票回数分布
平均値＝0.75
標準偏差＝1.02
N＝10,000

D党への投票回数分布
平均値＝5.06
標準偏差＝5.01
N＝10,000

ば，両党が同じくらい勝利をしているように見える。同様に，有権者の行動も1000回のシミュレーションの平均では確かに習慣的投票をおこなっているように見える。しかしながら，本来こうしたシミュレーションモデルは，各ステップの選挙結果と有権者の満足水準（a）によって，有権者が強化学習をおこないながら選挙を繰り返していくことを表現するモデルであったはずである。ところが，シミュレーション結果をひとつずつ取り出して検証していくと，モデルの中の有権者は勝利か敗北のどちらか一方しか経験できず，したがって，学習結果によって変動する投票確率や満足水準も一方向にしか変化しない。これでは，分析できる有権者の学習過程のパターンが非常に限定的であり，個々の有権者がどのように状況に合わせて学習（あるいは適応）していったのかがわからないのである。

　コンピュータを用いたシミュレーションをおこなう場合，集計結果だけではなく，個人レベルの行動過程も検証されなければならないことは，ファウラー自身も述べている。そのようなシミュレーション過程の分析は，モデル内のエージェントの行動を理解する上で不可欠である。結果のみに注目することで，シミュレーションモデルの示す現象の解釈を間違う危険があることは，広く知られている（Bendor, Moe and Shotts, 2001; 稲水，2006）。だとすると，このFowler (2007) のモデルを基礎としながら，それを修正すべき点を習慣的投票の理論に今一度立ち戻ってから探り，新たなモデルを構築することが必要である。というのは，そもそも習慣的投票とは，有権者が投票や棄権を促す様々な要素に影響を受けながら，投票・棄権を繰り返していく過程である。有権者が強化学習によって意思決定をおこなっているのであれば，やはり有権者の学習過程を検討する必要があり，新たなモデルは強化学習を繰り返していくことで，有権者が習慣的投票者になるのかどうかを確認できるような工夫をほどこさなければならない。コンピュータによるシミュレーションは，そのような過程の追跡や分析にも適した手法である。

　ベンダーらやファウラーのモデルは，初期値の影響を排除する目的で1000ステップ前後のシミュレーションをおこなった上で，モデルが収斂

(Converge) する[7]のを確認し，最後のステップ（1000ステップ目）をシミュレーション結果として示してきた。しかしながら，有権者が経験する国政選挙の回数は，一生のうち30－40回程度しかない。つまり，実際に有権者が選挙を経験し，その経験をもとに強化学習をおこなえる機会は限られているのである。したがって，上述した有権者の学習過程を検討するためには，有権者が最初の選挙を経験してから限られた期間にどのような過程をたどったかを観察する必要がある。

そこで新たなモデルでは，各エージェントは40回選挙を経験すると消えるとともに，各ステップの最初に新たなエージェントを発生させることにする。これにより，エージェントは年齢を持つことになり，システム全体で見るとエージェントに世代が発生することになる。この操作によって，エージェントの年齢と行動との関係や，選挙結果と世代との関係を観察することができる。また，集計値としてのシミュレーション結果は50世代目が生まれた時のものを用いる。

このモデルは，パラメータの初期値によっては各エージェントの行動が収束しない可能性がある。言い換えれば，強化学習の途中で40ステップ目を迎えて消えてしまうことがありうる。つまり，新しいモデルはファウラーのモデルよりも初期値の影響を受けやすいことが予想される。しかし，この懸念は，シミュレーションにおける様々なパラメータを変化させ，モデルがどの程度影響を受けるのかを検証することで，十分対処できる。なお，新たにモデルに発生させるエージェントの満足水準（a_i）と投票確率（p_i）の初期値は，消えたエージェントのパラメータと，その周囲8セルに存在するランダムに選ばれたエージェントのパラメータとのどちらかをランダムに受け継ぐようにした。いいかえれば，新しく選挙区に入る若い有権者は，自分の「親」や自分をとりまく「地域」の影響を受けた上で，投票するのかそれとも棄権するのかを選択し，その選択と選挙結果をもとに学習していくのである。これにより，各エー

---

[7] ファウラーやベンダーらのモデルでも，ノイズを排除したシミュレーションでは100ステップ以内に収斂することが確認されている。

ジェントは，選挙結果と自分を取り巻く周囲の環境との両方に適応していくように設定する。以下，シミュレーション結果を示していく。

まず図4－5は，有権者が40ステップを迎えると消え，毎ステップ250人ずつ新たな有権者が加わるように変更したモデルの，ある回の党派別投票者数を表している。最初の世代が消える40ステップ目から，毎ステップ消えていく有権者数と生まれてくる有権者数が同じになり，人口全体としては先ほどのモデルと同じ10000人となる。この図から，各党への投票者数は同程度になり，選挙ごとに勝つ政党が変わりうることがわかる。また，ある政党は一度勝つとしばらく（2～10回）は勝ち続けることも示されている。

表4－2はこのモデルの投票コスト別平均投票率である。表4－1と比較すると，投票コストが低い場合の投票率が若干低いことがわかる。これは，有権者が強化学習によって投票確率を高くするには自分の支持する政党がある程度勝ち続ける必要があるからである。図4－5のように選挙によって勝利する政党が変化するため，コストが低くても自分が生きている40ステップのうちに支持政党が連勝するかどうかによって確

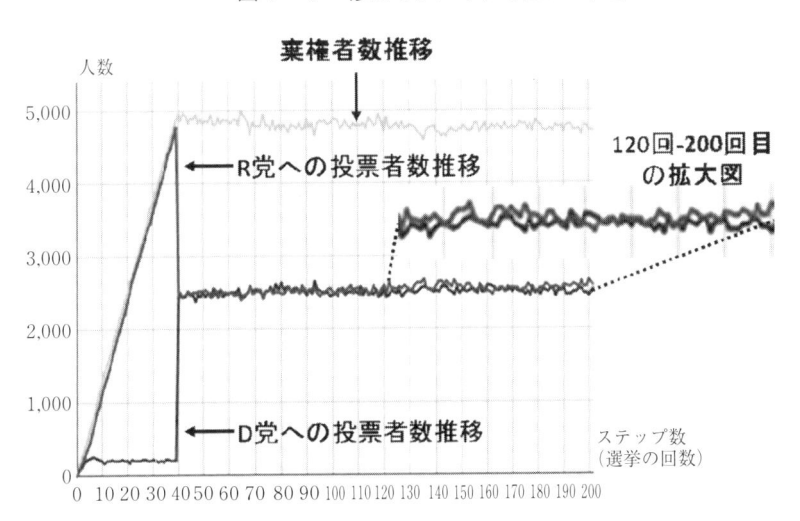

図4－5　修正モデルのシミュレーション

表4－2 投票コストと平均投票率（修正モデル）

C	平均投票率 (t=1000)	
	Democrats	Republicans
0.05	0.365	0.312
0.25	0.264	0.251
0.80	0.103	0.092

率は大きく変わっていくことがわかる。また，図4－6は図4－4と同じ回における党派別投票回数を表している。この図からR党支持者，D党支持者ともに全く投票に行かない層と，必ず投票にいく層とに二極化していることがわかり，習慣的投票がおこなわれていることが示唆される。これらの結果から，ここで新しく提出した修正モデルは，ファウラーモデルの非現実的な振る舞いを補正できたといえるだろう。

次に，有権者の投票確率が若い時期の経験に依存しているかどうかを検討する。表4－3は1回目からの連続投票回数と40ステップ目の平均投票確率を表したもので，図4－7はそれを図示したものである。この図と表から，若い時期の投票経験がその後の投票確率に大きな影響を及ぼし，投票習慣を形成していることがわかる。

このシミュレーション結果は，他の手法によって，これまで確認され

図4－6 党派別投票回数（修正モデル）

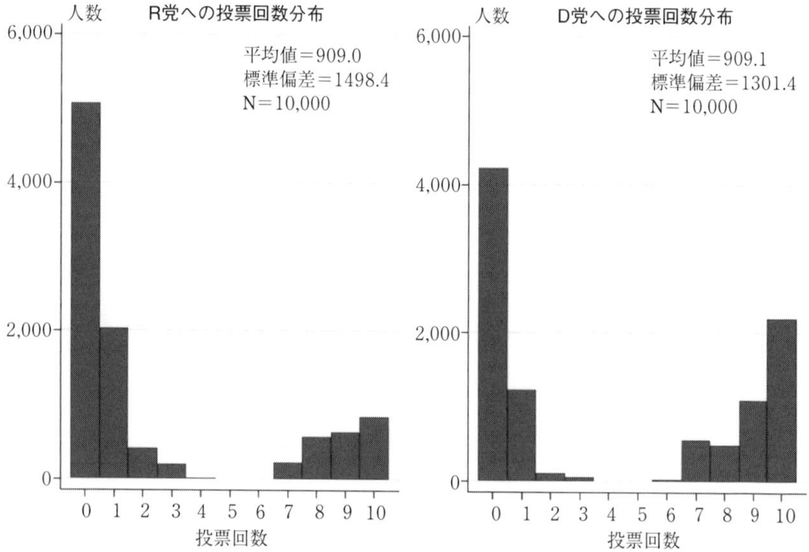

R党への投票回数分布
平均値＝909.0
標準偏差＝1498.4
N＝10,000

D党への投票回数分布
平均値＝909.1
標準偏差＝1301.4
N＝10,000

てきた習慣的投票者の特性と整合的である。たとえば、Plutzer (2002) は、有権者が選挙権を得た最初の選挙において投票するかどうかは、両親の党派性の強さと投票習慣の有無、教育程度、そして社会経済要因によって大きく左右され、この時期に連続して投票し続けた有権者は、年齢を重ねるにつれて両親からの影響は低くなっても、また、自身の結婚など投票習慣を変える可能性がある出来事を経験しても、投票し続けることを調査データによって示した。また、Gerber, Green and Shachar (2003) では、フィールド実験をおこない、投票するように呼びかけられた被験者はその後の選挙においても、投票し続ける傾向があることを示した。修正モデルのシミュレーション結果は、仮に有権者が投票参加の過程で、本モデルのような強化学習をおこなっているとするならば、これらの報告が描いている習慣的投票者が現れるメカニズムを説明

表4-3　最初の投票経験と最後の平均投票確率

1回目からの連続投票回数	40ステップ目における平均投票確率
0	0.081
1	0.131
2	0.457
3	0.587
4	0.674
5	0.792

図4-7　最初の投票経験と最後の平均投票確率

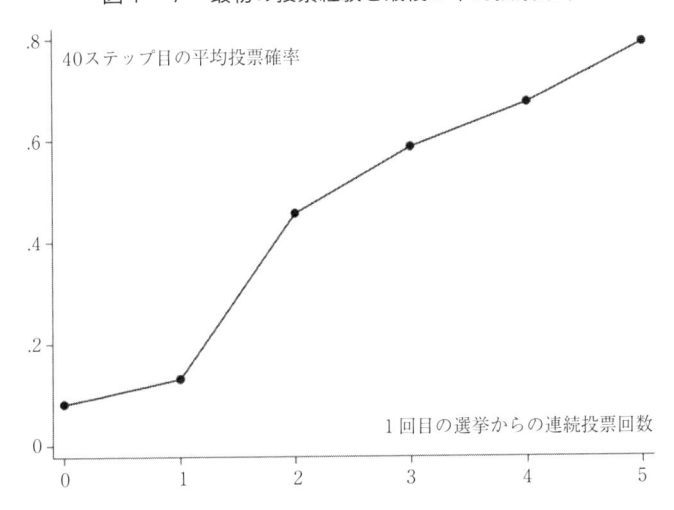

表4－4 連勝回数と年代別投票確率

支持政党の連勝回数	年代（ステップ）			
	1－9	10－19	20－29	30－39
0	0.092	0.162	0.195	0.255
1	0.098	0.167	0.241	0.274
2	0.147	0.275	0.247	0.297
3	0.421	0.357	0.264	0.352
4	0.492	0.422	0.331	0.358
5	0.661	0.426	0.365	0.366
6	0.685	0.445	0.403	0.387
7	0.688	0.472	0.448	0.392
8	0.691	0.512	0.462	0.395
9	0.693	0.601	0.487	0.405

できるということを示唆している。

表4－4及び図4－8は，各エージェントの支持政党が連続して選挙で勝った回数と年代別投票率との関係を表したものである。図4－8からわかるように，支持政党の連勝回数はエージェントの世代によって異なる。したがって，本モデルではエージェントの投票メカニズムは全く同質であっても，世代によって投票率が異なることになる。より具体的には，図と表から，若い時期に支持政党の連勝を経験した世代ほど，投票率が高くなる傾向があり，年齢を重ねるとともに，連勝が投票率に与える影響は小さくなることがわかる。また，年齢の高い有権者ほど，支持政党が勝利しなくても投票し続ける傾向があることも示された。これらの結果は，有権者の若いころの出来事が，その後の行動に大きな影響を与え，そして，一

図4－8 支持政党の連勝回数と世代別投票率

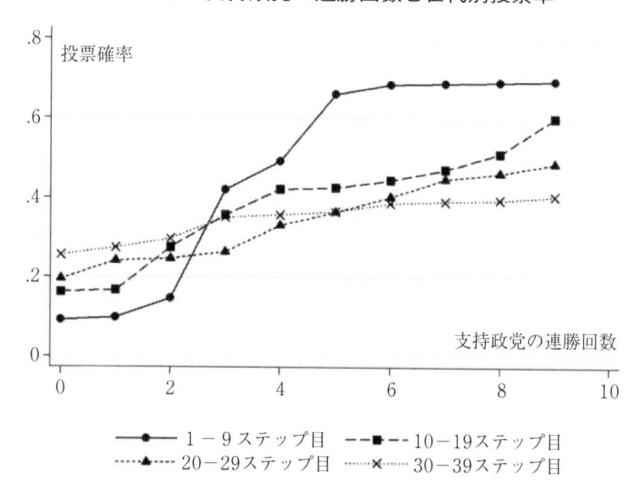

度形成された習慣は，有権者を取り巻く環境が変化しても維持されやすいという習慣的投票の特徴に適合するといえるだろう。このことはつまり，有権者が最初におかれた環境，いいかえれば，本章で強調してきた，有権者が埋め込まれている文脈が，有権者自身の選択に極めて大きな影響を及ぼしているということを意味している。

最後に，エージェントの周囲の環境がエージェントに与える影響を検討する。図4－9は1000回のシミュレーションの内，任意の2回のシミュレーション終了時（50世代目が生まれた時）の様子を表したものである。各エージェントの濃淡は，党派とその時の投票確率を表しており，どちらの党派についても，色が濃くなるにつれて高い投票確率を有していることを意味する。この図から明らかなのは，あるエージェントの投票確率は，その周囲に配置されているエージェントの投票確率に近くなるということである。つまり，有権者が持つ強化学習メカ

図4－9　強化学習と周囲への適応がもたらすシステムへの影響

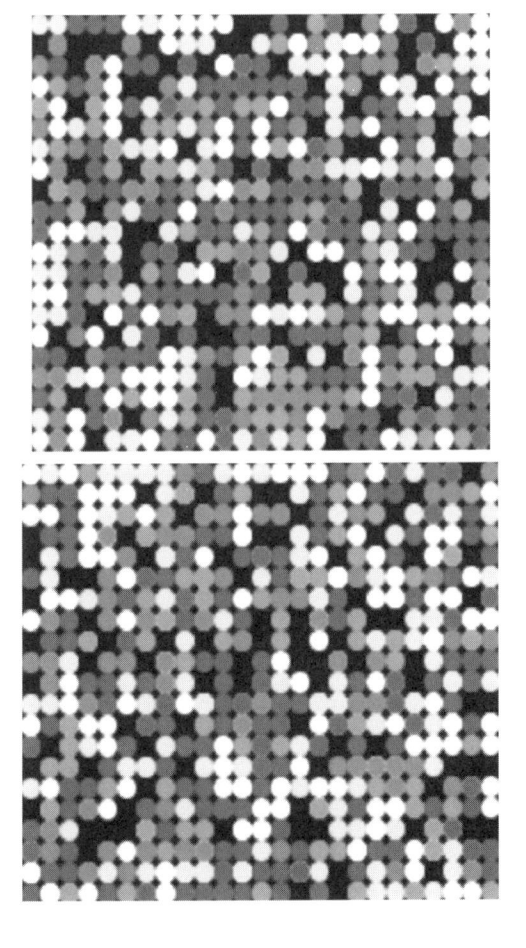

ニズムと，有権者が埋め込まれている文脈との相互作用によって，投票率が高い「地域」と低い「地域」とが，それぞれ形成されるのである。

本モデルは35×35（1225）のセルに1000エージェントをランダムに配置してシミュレーションを実行しているが，システム全体を7×7（49）のセルに分割してそれぞれの平均投票確率を計算すると，1000シミュレーションの平均ではもっとも投票確率が高い地域で96.4%，もっとも低い地域で4.3%となり，ほぼ毎回必ず投票する地域と毎回必ず棄権する地域とにわかれることが明らかとなった。このことは，自己の経験と周囲に適応していくという強化学習のメカニズムが投票率の地域差にも影響を及ぼしている可能性があることを示唆している。まだ断定的なことはいえないが，これは地域ごとに異なる選挙の「風土」的なもの，たとえば日本の都市部と地方との投票率の差が長期にわたって維持されているメカニズムの解明にもつながると考えられる。

本章では，モデルが予測する帰結だけではなく，モデルが収斂していくプロセスも分析することの重要性を強調してきた。有権者が学習するプロセスを分析するには，それを観察できるようなモデリング，いいかえれば有権者を何らかの文脈に位置づけることが必要である。本節のシミュレーションで得られた知見は，このような文脈とメカニズムの相互作用を積極的にモデルに取り込むことが，政治現象の分析には非常に有用であるということを示唆している。

4. 4. 予測力の比較

前節までの分析で，強化学習メカニズムを応用した投票参加モデルのシミュレーション結果が，これまでの実証研究で主張されてきた習慣的投票（者）の特徴と一致するものであることを示した。しかしこの分析結果のみで，有権者が実際にこのメカニズムにもとづいて行動しているのかどうかを検討するのは不十分である。本節では，強化学習にもとづく投票参加モデル（以下，強化学習モデル）の予測力と，ライカーらの合理的な投票参加モデル（以下，期待効用モデル）の予測力との比較を

おこなう。これら2つのモデルのどちらが現実の投票行動をより正確に予測しうるのかを，世論調査データを用いて検証する。

あらかじめ断っておかなければならないのは，これらのモデルは，元々統計的手法による検証を前提としたモデルではないため，各モデルの要素に対応する世論調査データの変数を独立変数とした回帰分析から推定される係数や有意確率の比較によって，モデルの優劣を決めることは厳密にはできないということである。仮に，ある変数の係数が大きく，かつ統計的に有意であったとしても，モデルが導くメカニズムが働いた結果なのかどうかがわからないからである。近年，モデルの要素を応用統計学の概念に近似させることによって，数理モデルを直接統計的に検証しようとする EITM (Empirical Implications of Theoretical Models) というアプローチを用いた研究もあるが，このアプローチはモデルを構築する段階で応用統計学上の概念に近似させなければならないという制約があり，既存の数理モデルを用いる際には，検証可能なモデルに近似させる過程で元のモデルにはなかった要素が入ってしまう可能性がある。

そこで本章では，パネル世論調査データを用いて，上述した2種類の投票参加モデルの予測力をシミュレーションによって比較する。具体的には，まず世論調査の各回答者をエージェントとして，それぞれのモデルのパラメータに回答データを代入して投票確率 (p) を算出する。次に，エージェントがその確率にもとづいて投票/棄権を選択するシミュレーションをおこなう。そして，2つのモデルでのシミュレーション結果と，実際の回答データとを比較して，どちらのモデルの方がより正確な予測ができるのかを検討する。投票行動研究では，Macdonald, Rabinowitz and Listhaug (2007) が同種の手法を用いている。彼らは，世論調査データを使ったシミュレーションによって，争点投票における近接性モデルと方向性モデルとの説明力を比較し，方向性モデルのシミュレーション結果の方が実際の世論調査における回答結果との一致度が高いことを示している。このシミュレーションで用いる世論調査データは JES II であり，1995年参院選と1996年衆院選における有権者の投票参加を2つのモデルでシミュレートする[8]。シミュレーションに用いる両モデルとパラ

メータに代入する調査データの変数については以下のとおりである。

期待効用モデル

$$P(v)_{i,t} = p(s)_{i,t} B_{i,t} - C + D_{i,t}$$

P(v)：その選挙における投票確率　B：政党感情温度第1位－第2位の差
p(s)：主観的な接戦度　　　　　　D：投票に対する義務感

投票確率を求めるモデルであることと，強化学習モデルとの比較のために，用いた変数は全て最小値0，最大値1に変換した。なお，投票コスト（C）については後述するが，全ての有権者で同一であると仮定し，様々なコストによってシミュレーションをおこなうことで，コストの大きさによるモデルの予測力の違いを比較した。

強化学習モデル

まず，エージェント i が t 時点において投票する確率を $p_{i,t}(V)$ とし，エージェントの利得 π は以下のように決まる。

①投票して，支持政党が勝利すると $\pi = b - c$
②棄権して，支持政党が勝利すると $\pi = b$
③投票して，支持政党が敗北すると $\pi = -c$
④棄権して，支持政党が敗北すると $\pi = 0$

各エージェントの投票確率の初期値 $p_{i,t=1993}(V)$ は，1993年衆院選で投票したものには1を，棄権したものには0を代入する。b は選挙結果から得られる利得を表し，このシミュレーションでは，各エージェントの政党

8　JES II には1993年衆院選前後の調査もなされているが，強化学習モデルのシミュレートには以前の選挙データが必要になるため，今回の比較には用いることができない。

感情温度第1位－第2位の値を最小値0，最大値1に変換したものを用いる。cは期待効用モデルと同様に投票コストを表す。それぞれのエージェントiは，得られる利得に対する満足水準 (aspiration) $a_{i,t}$ を持っていて，$a_{i,t+1}$ は前回の満足水準と選挙で得られた利得との重み付き平均で以下のように表される。

$$a_{i,t+1} = \lambda a_{i,t} + (1-\lambda)\pi_{i,t}$$

満足水準の初期値 $a_{i,t=1993}$ は，各エージェントの1993年衆院選の結果に対する満足度を最小値0，最大値1に変換した値を代入する。ここで α は強化学習のスピードを表し，min(a, b) はaとbのうち値の小さい方を，max(a, b) はaとbのうち値の大きい方をとることを表す。その他のパラメータの値については，今回のシミュレーションでも前節と同じ値に設定している（$\alpha = 0.1$, $\lambda = 0.95$）。最後に，選挙後の新たな投票確率は以下のように表される

$$\text{if } \pi_{i,t} \geq a_{i,t} \quad \text{then} \quad p_{i,t+1}(V) = \min(1, p_{i,t}(V)+\alpha)$$
$$\text{if } \pi_{i,t} < a_{i,t} \quad \text{then} \quad p_{i,t+1}(V) = \max(0, p_{i,t}(V)-\alpha)$$

両モデルとも原則として2大政党制を前提にしているため，本章では自民党と選挙時の野党第1党である新進党のみを分析対象とし，これら以外の政党を支持政党として表明している有権者と無党派層は分析から除外した。シミュレーションに代入する有権者の各パラメータは，分析対象者の中からランダムに抽出した500名のものを用いた。投票コストは有権者間で同一であると仮定し，cの値には0.05, 0.10, 0.25, 0.5, 0.75の5種類を用いて両モデルの振る舞いを比較した。bの最大値は1であるため，たとえばc = 0.25は，投票コストが効用の25％を占めていることを表す。各シミュレーションは1000回実行し，以下の結果はその平均値である。

表4－5はシミュレーション結果を投票コスト，選挙年別にまとめた

表4-5 予測力の比較

投票コスト (c)	選挙年	実際のデータ JES2 投票参加率	実際のデータ JES2 選挙後満足度	強化学習モデル シミュレーション投票率	強化学習モデル 平均期待度 (α)	強化学習モデル 一致度	期待効用モデル シミュレーション投票率	期待効用モデル 一致度
0.05	93(衆)	90.5	0.65				84.3	0.75
	95(参)	72.2	0.57	75.6	0.66	0.85	86.7	0.79
	96(衆)	80.3	0.61	78.6	0.72	0.88	88.5	0.77
0.10	93	90.5	0.65				82.1	0.65
	95	72.2	0.57	74.7	0.60	0.84	85.3	0.70
	96	80.3	0.61	77.1	0.63	0.88	87.2	0.68
0.25	93	90.5	0.65				80.7	0.61
	95	72.2	0.57	70.8	0.53	0.86	84.6	0.74
	96	80.3	0.61	74.2	0.56	0.81	85.3	0.79
0.50	93	90.5	0.65				77.3	0.57
	95	72.2	0.57	67.1	0.49	0.62	80.1	0.59
	96	80.3	0.61	73.6	0.52	0.71	83.4	0.68
0.75	93	90.5	0.65				76.3	0.42
	95	72.2	0.57	64.3	0.44	0.55	83.1	0.60
	96	80.3	0.61	70.6	0.47	0.51	84.0	0.77

ものである。表中の「シミュレーション投票率」は各シミュレーションによって発生させた有権者の投票確率の平均値を表している。また，「一致度」は調査データでの有権者個人の実際の行動（投票／棄権）が，シミュレーションによる予測（投票／棄権）とどの程度一致していたかを表しており，両モデルの一致度の差が統計的に5％水準で有意な場合に，より一致度が高い方のモデルの値には網掛けをしている。

たとえば，投票コストを0.05としたときの1995年参議院選挙では，強化学習モデルにもとづくシミュレーションでは75.6％の有権者が投票しているのに対して，期待効用モデルのシミュレーションでは86.7％の有権者が投票していることがわかる。そして，調査データ上の各有権者の行動と，シミュレーション上での有権者の行動の予測との一致度は，強化学習モデルが85％，一方期待効用モデルが79％であり，強化学習モデルの方が期待効用モデルより統計的に有意に実際の有権者の行動をより正確に予測できたということを表している。

この表から，強化学習モデルの方が期待効用モデルより高い予測力をもっていることがわかる。また，もっとも実際のデータとの一致度が高

かったのは投票コストが0.1のとき，すなわち選挙から得られる効用 b の10％をコストが占めているときであった。

4.5. まとめ

本章では，有権者が強化学習によって投票をおこなうモデルを構築し，シミュレーションによってエージェントである有権者の学習過程を検討した。シミュレーションの結果，本モデルにおける有権者は，投票コストがある程度高くても投票すること，エージェントが若い時期の投票経験がその後の投票回数に大きな影響を及ぼすこと，支持政党が連勝することで投票確率が上がっていくが，若い時期ほどその影響が大きくなることが示された。そしてこれらの結果は習慣的投票者の形成過程と一致するものであり，有権者が実際に，上述したような参加メカニズムを有している可能性があることが示された。

本章のモデルでは，エージェントの数，各パラメータの値，そして投票参加メカニズムは世代間で全く同質に設定した。にもかかわらず，世代や地域によって投票率に差が生じるということは，実際の社会においては，仮に有権者の参加メカニズムが同じであっても，人口動態や世代間の人口比率によって選挙結果が大きく左右される可能性があるということになる。今後も，本章でおこなったような形で有権者の動的な学習過程に注目することで，投票参加，投票行動そして選挙研究に対して，有効な知見を提供するかもしれない。

本章のシミュレーションモデルでは，支持政党を有する有権者のみを対象としたため，無党派層の投票参加は分析から除外されている。また，モデルにおける有権者の選択肢は，支持政党への投票と棄権の2種類しかなく，逸脱投票はおこなわないという仮定を設けている。よって，本分析の結果をもって全ての有権者の参加メカニズムを説明したということにはならない。しかしながら，今回分析対象とした有権者は，これまでの投票行動研究において想定される典型的な有権者であり，このような有権者の行動の一端を明らかにできたということは，新たな投票参加

研究の第一歩になるといえる。今後はモデルを拡張して，無党派層の投票参加や逸脱投票もおこなう有権者の行動も組み込んだモデルを構築していくことが課題である。

　また，強化学習にもとづく投票参加モデルと期待効用理論にもとづく投票参加モデルとの予測力の比較では，前者の方が調査データとの一致度が高いということが明らかになった。このことは，有権者は過去の選挙結果にもとづいて，適応的に行動を決定している可能性が高いということを実証している。比較対象として取り上げた期待効用モデルは，pを客観的な確率ではなく主観的な確率にしたり，本来，期待効用の計算とは相容れないと考えられる（が，これまでの統計モデルでは非常に強い影響力が確認されてきた）投票義務感をモデルに組み込んだ。それにもかかわらず，強化学習にもとづくモデルの予測力の方が高いということは，このモデルの妥当性が高いということ，すなわち，強化学習こそが有権者の習慣的投票／棄権を引き起こす主要な原因であることを示唆しているといえるだろう。

第5章　経験とその評価にもとづく
　　　　有権者の政治参加

　前章の最後では，シミュレーションモデルのパラメータに世論調査データの値を代入することによって，強化学習にもとづく有権者の投票参加を検証した。本章では，以下にあげる2つの分析結果を示すことで，このモデルの妥当性をさらに検討していく。1つ目の分析では，投票以外の政治参加でも強化学習のメカニズムが働いているのかどうかを世論調査データの統計解析によって検証する[1]。自分自身が選択した行動とその行動から得られた結果を評価することで，その後の行動を決めるという強化学習のメカニズムは，投票参加だけではなく，より一般的に人々の政治行動に働いていると考えられる。したがって，投票以外の政治的活動に対して参加経験のない市民も分析対象に含めて，過去の投票外政治参加の経験そのものと経験に対する評価が，その後の投票外参加に

---

[1] 本章は荒井紀一郎．2006．「参加経験とその評価にもとづく市民の政治参加メカニズム」『選挙学会紀要』第6号，5－24頁を加筆，修正したものである。

与える影響を示すモデルを提示する。市民が，本書で提起している強化学習モデルにもとづいて行動しているとするならば，参加経験のある市民とこれまでに全く政治参加の経験がない市民とでは，参加に至るメカニズムが異なることが想定されるため，市民の間に非同質性（heterogeneity）が存在することを想定した分析をおこなう。結果を先取りしていうと，知人などから活動に参加するように依頼されること，すなわち動員されることは，普段全く政治的活動に参加したことのない層か，過去の参加経験を肯定的に評価している層にしか影響を与えないということが明らかになった。投票以外の政治参加については，動員の効果が限定的なものであることが示されたのである。そこで，このような傾向が投票参加にも見られるのかどうかを検証するため，2つ目の分析では，政治参加の経験や政治的有効性感覚など，参加に影響を与えると考えられる要素の影響を統計的な処理によって排除した上で，投票参加に対する動員の因果効果を推定する。

5.1. 仮説とデータセット

第3章において，期待効用理論にもとづく政治参加モデルには，理論的にも実証的にも多くの問題があり，その原因は政治的活動における不確実性の高さと，市民の情報処理能力の限界にあることが考えられると述べた。また，第4章では，期待効用にもとづく政治参加モデルと強化学習にもとづく政治参加モデルのシミュレーション結果を比較し，強化学習モデルの方が実際の有権者の行動を正確に予測できることを示した。Lupia and McCubbins (1998) は，不確実性の高い状況に置かれた人間の行動原理として，1. 複雑な情報の代わりに，幅広い単純な手がかり（cues）や，情報の代替物を生む単純な手段であるヒューリスティックス（heuristics）を用いて行動を決定する，2. 学習によって自分の行動を決定する，という2つの可能性があると指摘している。

このような行動原理を，市民が政治的活動に参加するかどうかを選択する状況に適用すると，次のように考えることができるだろう。まず，

過去にそのような活動に参加したことのある市民は，その経験から学習することでその後の活動に参加するかどうかを決定していると考えられる。そして，参加経験のない市民にとっては，選挙区の情勢や，候補者・政党の政策位置などの複雑な情報の代わりに用いることができるヒューリスティックスとして，自分が参加を依頼されるか否か，つまり動員の有無を用いて参加するかどうかを決めることができると考えられるだろう。以上のことから本章では，市民が政治的活動に参加するかどうかを決定するメカニズムとして，以下の仮説を提起する。

　仮説：政治的活動への参加経験のある市民は，その経験を高く評価するほど，その後の活動にも参加する。

　この仮説は，強化学習モデルを直接検証するものではない。つまり，市民が経験を繰り返しながら，学習して周囲の状況に適応していく過程を直接観察することで，モデルの妥当性を確認するものではない。強化学習の過程そのものを実証的に検証するとなると，最低でも数回にわたり同じ回答者に対して，参加の有無とその評価を尋ねるパネル調査が必要になるが，そのような調査は日本ではもちろん，アメリカやイギリスといった世論調査とそのデータが長年蓄積されてきた国においても存在しない[2]。したがって，本章で用いるデータも残念ながらそのような構造にはなっていない。そこで本章では，このようなモデルの前提となる市民の判断能力，すなわち自分が過去におこなってきた政治的活動に対して効果があったかどうかを自己評価する能力と，その評価にもとづいて後の活動に参加するか否かを決定する能力を検証する。

　上述した仮説を検証するためのデータとして，本研究では，第2章でも用いた2000年4月および衆議院選挙後の同年10月に実施されたJEDS

---

　[2]　そもそも，自分がおこなった過去の政治参加経験に対して，効果があったかどうかを評価させる質問は本章で用いるJEDS2000独自の項目であり，他の調査にこの質問項目は存在しない。

2000データを用いて分析する。この調査の第1波(面接調査)における有効回答者数は1681名であり、10月におこなわれたパネル調査(郵送調査)での有効回答者数は635名である。

分析の準備作業として、変数として用いる政治参加の形態について再度触れておこう。JEDS2000の面接調査には、回答者に対して今までの政治参加の経験を尋ね、さらに参加経験のある回答者には参加によって具体的な効果があったかどうかを尋ねている質問項目がある。質問項目にある政治参加の形態は以下の通りである。1. 選挙で投票する、2. 選挙に立候補する、3. 選挙運動を手伝う、4. 候補者、政党への投票を知人に依頼する、5. 政治家の後援会員となる、6. 政党の党員になる、7. 政党の活動を支援する(献金・機関紙の購読など)、8. 政党や政治家の政治集会に行く、9. 国や地方の議員に手紙を書く、電話をする、10. 役所に相談する、11. 請願書に署名する、12. デモや集会に参加する、13. 住民投票で投票する、14. 地域のボランティア活動や住民運動に参加する、15. 自治会活動に積極的に関わる。

本章における仮説を検証するためには、面接調査時からパネル調査時の間における回答者の政治参加を尋ねる質問項目が必要である。パネル調査の質問項目には、2000年6月におこなわれた衆議院議員総選挙の際の政治活動への参加の有無を尋ねているものがある。パネル調査の質問項目にある参加形態は以下の通りである。1. 6月の総選挙での投票、2. 友人、知人に対する投票依頼、3. 選挙運動を手伝う、4. 政治家の後援会員として運動する、5. 政党の党員として運動する、6. 政党の活動を支援する(献金・機関紙の購読など)、7. 政党や政治家の政治集会に行く。

仮説の検証には、面接調査での参加の効果を尋ねる項目を独立変数に、パネル回答での各種政治活動への参加の有無を従属変数としなければならない。しかしながら、たとえば地域のボランティア活動に対して効果があったと考えた回答者が、6月の総選挙において、そのときの経験に対する評価にもとづいて選挙運動を手伝うというようなことは考えにくく、面接調査での質問項目9.〜15.を独立変数として用いるのは不適切

であると考えられる。また，投票とそれ以外の参加形態では参加経験者数に大きな差があり，投票を分析に含めることも適切ではないと考えられる。よって，分析には以下の質問項目のみを用いることにした。A. 選挙運動を手伝う，B. 候補者，政党への投票を知人に依頼する，C. 政治家の後援会員となる，D. 政党の党員になる，E. 政党の活動を支援する（献金・機関紙の購読など），F. 政党や政治家の政治集会に行く。次節では，その他の変数と推定方法について述べる。

5.2. モデルと推定方法

本研究での仮説を検証するためには，政治的活動への参加経験を有する市民と参加経験のない市民とでは，参加に至るメカニズムが異なる，いいかえれば，両者の間には非同質性が存在することを前提にモデルを構築することが必要となる。以下，従属変数，独立変数および推定に用いる統計モデルについて説明していく。

まず，従属変数として用いたのは，先述したJEDS2000パネル調査の質問項目である「2000年衆議院選挙における選挙関連活動への参加活動数（上記A.～F.までの6項目）」である。次に独立変数については，面接調査で尋ねられている過去の政治参加経験の数[3]と，それらの活動に具体的な効果があったかどうかを尋ねている質問項目を用いる[4]。市民が仮説にもとづいて参加をおこなっているとすると，この質問項目で「効果あり」と答えた市民ほど，次回も参加する可能性があるといえる。そして，2000年総選挙における選挙関連活動に対して参加することを依

3　本文中A.～F.までの活動において今までに，「何度か行ったことがある・1～2回行ったことがある」＝1，「参加したことはない」＝0を与え，累積したもの。

4　A.～F.の活動に参加した経験のある回答者に対して，「具体的な効果があったか」を尋ね，「効果があった」＝1，「効果がなかった」＝－1，その活動に参加したことのない回答者は0とした上で，当該回答者の参加経験数で除した値を用いた。

頼されたかどうか，すなわち動員されたかどうかを尋ねている項目5の累積と，これら従属変数，独立変数群の双方に影響を与えていると考えられる政党支持態度の有無[6]，通勤時間[7]，年齢，教育年数[8]，所属団体数[9]，および他者に対する一般的信頼[10]を統制変数として用いることにする。表5−1は，各変数がとりうる値の範囲と，分析に用いたサンプル内での最小値，最大値，平均値などをまとめたものである。

このモデルでは，上記変数に加えて，参加経験項目数と参加経験に対する評価，および動員頻度の交互作用項を加えている。推定式に交互作用項を加える目的は2つある。第1の目的は，参加経験数と参加経験に対する評価との相互作用を検討することにある。いいかえれば，多くの

---

5 質問文は，A.〜F.の活動に対して，「(2000年総選挙の) 選挙期間中に次のようなことを知人や友人から頼まれましたか，頼まれたものすべてをあげてください」と尋ねている。

6 質問文は，「選挙のことは別にして，ふだんあなたは何党を支持していますか」と尋ねており，いずれかの政党を答えた回答者を1，「どの政党でもない」と答えた回答者を0とした。

7 質問文は，「『仕事場』あるいは『1日の大半を過ごす場所』はお宅と近いところですか」と尋ねており，「自宅，あるいは，家から歩いて行ける，または車，自転車ならすぐの距離」＝0，「家から30分以内で行ける範囲」＝1，「30分から1時間半以内」＝2，「1時間半以上」＝3とした。

8 質問文は，「あなたは，何年間学校に通いましたか」と尋ねており，回答分布から，9年未満＝0，9年（中学卒業程度）＝1，9年以上12年未満＝2，12年以上16年未満（高校卒業程度）＝3，16年以上（四年制大学卒業以上）＝4とした。

9 質問項目にある団体は，「自治会・町内会」「PTA」「同業者の団体」「農協」「労働組合」「生協・消費者団体」「ボランティア団体」「住民運動団体」「市民運動団体」「宗教団体」「学校の同窓会」「政治家の後援会」の計12団体で，それぞれの団体に加入していれば1，加入していなければ0として，その和を用いた。

10 質問は，「ほとんどの人は信頼できる」という意見に対する賛否を尋ねており，「そう思う」＝2，「まあそう思う」＝1，「あまりそうは思わない」＝−1，「そうは思わない」＝−2とした。

表5−1　分析に用いた各変数の記述統計

変数名	とりうる値の範囲	最小値	平均値	中央値	最大値	標準偏差	ケース数
従属変数							
2000年総選挙時の選挙関連活動への参加頻度	0〜6	0	0.33	0	6	0.78	539
独立変数：カウントモデル							
過去の選挙関連活動への参加頻度	0〜6	0	1.55	1	6	1.73	539
過去の参加経験に対する評価	−1〜+1	−1	0.09	0	1	0.56	539
2000年選挙での被動員頻度	0〜5	0	0.35	0	5	0.67	539
独立変数：バイナリモデル（ロジット）							
2000年選挙での被動員頻度	0〜5	0	0.35	0	5	0.67	539
政党支持態度の有無	0, 1	0	0.57	1	1	0.50	539
通勤時間	0〜3	0	0.55	0	3	0.84	539
年齢	20〜93	20	52.64	54	85	15.07	539
教育程度	0〜4	0	2.51	3	4	1.17	539
所属団体数	0〜12	0	2.27	2	11	1.73	539
一般的信頼	−2〜+2	−2	0.24	1	2	1.25	539

参加経験を有している回答者でも，その経験について肯定的に評価しているのか，それとも否定的に評価しているのかによって，従属変数である総選挙時の政治参加に及ぼす影響が異なることが予想されるということである。第2の目的は，総選挙時の動員頻度と過去の経験に対する評価との相互作用を検討することにある。総選挙時に，知人や友人から，様々な活動に参加するよう依頼されることが，実際の参加に与える効果は，当然，過去の参加経験に対する評価によって異なってくるだろう。肯定的な評価をしている回答者ほど，動員されたときの参加確率が高くなることが予想される。以上のような交互作用項を投入することによって，経験のない市民と経験のある市民をひとつのモデルで推定することができる。

　本モデルでは6項目の活動のうち，何項目参加したのかを推定する。一定期間内において，ある出来事（選挙関連活動への参加）が何回おこなわれたのかを従属変数として推定するモデルとして，イベントカウントモデルが挙げられる。何かの「回数」を従属変数とする場合，少ない回数に分布が偏っていることが多いので，通常の回帰分析では推定結果に歪みが生じる。そこで，正規分布よりも小さい値に偏っている分布を仮定することで，推定によって生じる歪みを減らそうとするモデルがイ

ベントカウントである。

　数種類あるモデルの中で，本研究では，適合度が高かったポワソン回帰分析モデル[11]（Poisson Regression Model）を用いる。とりわけ，従属変数の参加項目がゼロ，つまり不参加だった市民が多いこと，また，先行研究において市民は，政治的な活動に対してお互いに参加を依頼したりされたりする「関与派」と，全く関与しない「非関与派」に分けられるとされる（西澤，2004）ことから，サンプルにおいても，「いつも参加しない」グループとそうでないグループが混在している可能性があるため，ゼロインフレイテッドポワソン回帰分析（Zero-inflated Poisson Regression）を用いることにした。モデルは以下のように表される。

ゼロインフレイテッドポワソンモデル

　ゼロインフレイテッドモデルは，サンプル個々の性質から「常に0」のグループの確率を決定することを許容するモデルである。

　まず，0とそれ以上の値をポワソン回帰によって推定する。

$$\Pr(y|\mu) = \frac{\exp(-\mu)\mu^y}{y!}, \ \mu = \exp(x\beta) \quad (式1)$$

これに加え，0は確率ψで以下のもうひとつのプロセスによっても発生する。

$$\Pr(y_i = 0|z_i) = \psi_i = F(z_i\gamma) = 「常に0である確率」$$

これらポワソンモデルとバイナリモデルを組み合わせる。

$$\text{Zero Counts: } \Pr(y_i = 0|x_i) = \psi_i = (1 - \psi_i)\exp(-\mu_i)$$

---

[11] イベントカウントに用いられる他のモデルとして，ネガティブバイノミアル回帰分析なども挙げられるが，本分析では各モデルで推定したうち，適合度の高かったモデルを採用している。

$$\text{Non-Zero Counts: } \Pr(y_i|x_i) = (1 - \psi_i)\frac{\exp(-\mu_i)\mu_i^{y_i}}{y!}$$

　このモデルでは，理論的に 2 種類のプロセスによって従属変数の値が 0 をとることが考えられる場合に，まず通常のポワソン回帰で推定した後，理論的に「常に 0」をとると考えられるグループをロジスティック回帰で再度推定する（Long, 1997: 243）。ここでは，「非関与派」の推定に用いる変数として，被動員頻度，政党支持態度の有無，通勤時間，年齢，教育程度，所属団体数，そして他者に対する一般的信頼を用いた。これらの変数の係数が，正で有意な値をとった場合，変数の値が大きくなるほど，従属変数が「常に 0」となる確率が上がる，つまり，「非関与派」となる可能性が高いということを意味する。推定式に含めた変数のうち，通勤時間については，通勤時間が長くなるほど，政治的活動への参加が困難になると考えられるため，係数は正となることが予想される。逆に，係数が負で有意な値だった場合には，その変数が大きくなるほど，「関与派」になる可能性が高くなるわけである。したがって，被動員頻度と政党支持の有無，年齢，教育程度，所属団体数，および一般的信頼については，いずれも政治参加を促進しうる変数であるので，係数は負となることが予想される。たとえば，仮に被動員頻度の係数が負で有意なことが確認されたならば，それは，「常に参加しないグループ」に属する市民には動員がおこなわれていないこと意味する。逆にいえば，今まで参加したことのなかった市民が参加を依頼されることによって，今後の活動に参加する可能性が高くなることを表しているのである。また，本モデルのように「常に 0」をとるグループを仮定することで，仮定しないモデルよりも適合度が上がるか否かも検定する（Vuong Test）。この検定によって，そのような仮定がモデルの適合度を上げることが判明すれば，政治的活動へ参加するメカニズムに関して，市民の間に非同質性が存在するということになる。

5.4. 推定結果

本節では，上記モデルの推定結果についてまとめ，過去の参加経験とその評価，そして動員がその後の政治参加に及ぼす影響について検討していく。まず，推定結果を示したものが表5－2である。モデルにおける従属変数は，2000年の衆議院総選挙における選挙関連活動への参加項目数である。推定に用いたサンプル数は539名で，うち，従属変数である参加項目数がゼロであった回答者は，427名であった。

それでは，カウントモデルから順に結果を検討していく。5％水準で統計的に有意であった変数は，過去の政治参加経験数と，経験に対する評価と被動員頻度との交互作用項，および参加経験数，評価，そして被動員頻度の交互作用項であった。カウントモデルでは，推定式に含めているすべての変数が交互作用項を構成しているため，参加経験数，経験に対する評価，そして被動員頻度のそれぞれの係数と有意確率は，他の2つの変数の値がゼロのとき，つまり，交互作用がないときに従属変数に対して与える影響の大きさと解

表5－2 ゼロインフレイテッドポワソン回帰分析
（従属変数：2000年総選挙時の政治参加項目数）

独立変数	係数	標準誤差	有意確率
カウントモデル			
過去の政治参加経験数	0.28	0.08	0.00
過去の経験に対する評価	−0.50	0.50	0.31
経験数×評価	0.17	0.12	0.18
2000年選挙での被動員頻度	0.37	0.23	0.10
評価×被動員頻度	0.92	0.37	0.01
経験×被動員頻度	−0.02	0.04	0.68
経験×評価×被動員頻度	−0.20	0.08	0.02
定数	−1.39	0.32	0.00
バイナリモデル（ロジット）			
2000年選挙での被動員頻度	−16.93	2.52	0.00
政党支持態度の有無	−1.20	0.52	0.02
通勤時間	0.05	0.33	0.88
年齢	−1.95	2.76	0.48
教育程度	0.00	0.22	1.00
所属団体数	−0.12	0.15	0.42
一般的信頼	−0.02	0.18	0.92
定数	5.65	5.23	0.28
n	539		
Nonzero obs	112		
Zero obs	427		
Vuong test	3.20	(pr>z = 0.00)	
Prob > LR	0.00		
McFadden's Adj R^2	0.28		
Cragg-Uhler (Nagelkerke) R^2	0.48		

釈することができる。いいかえると，過去の経験に対する評価の係数が単独では統計的に有意でないのは，参加経験数と被動員頻度がゼロのときということである。過去の政治参加経験が「ない」ときに，経験に対する評価がその後の政治参加に有意な影響を与えるはずがなく，これは当然の結果といえる。一方で，参加経験数については，単独の係数が正で有意であったため，過去の経験に対する評価がゼロ，つまり効果があったと回答した項目数と効果がなかったと答えた項目数が同じであり，かつ，選挙時にどの項目も参加するように依頼されなかったとしても，過去の参加経験数が多いほど，選挙時の活動にも参加したと解釈することができる。

交互作用項が含まれた回帰分析結果の解釈をおこなうには，図を用いて視覚的に表した方がわかりやすい。図5－1は，横軸に経験に対する評価，縦軸に2000年総選挙時における政治参加活動数の予測値をとり，過去の参加経験数別に表したものである。なお，その他の変数は全て中央値で固定している。この図から，過去の参加経験数が多いほど，そして，それらの経験に対する評価が高いほど，選挙時にも多くの活動に参

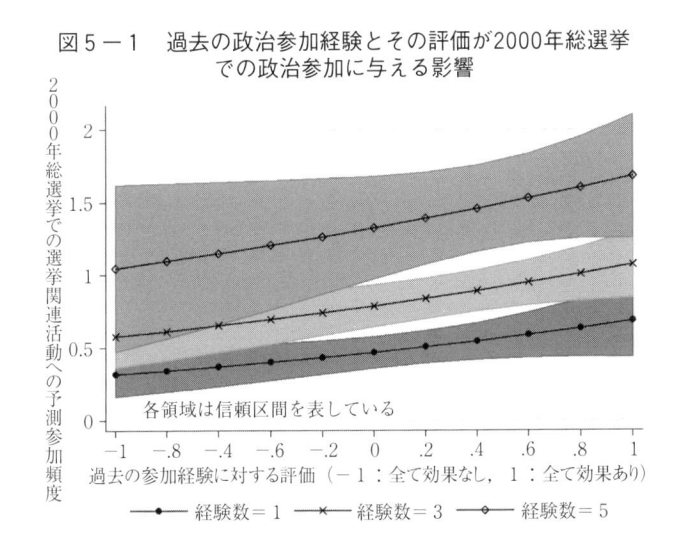

図5－1　過去の政治参加経験とその評価が2000年総選挙での政治参加に与える影響

各領域は信頼区間を表している

過去の参加経験に対する評価（－1：全て効果なし，1：全て効果あり）

―●― 経験数＝1　　―×― 経験数＝3　　―◇― 経験数＝5

加しやすいことが読み取れる。具体的には、過去の参加経験項目数が1つの回答者と5つの回答者とを比べると、後者の方が、2000年総選挙での予測される参加項目数が約1項目分多い。また、これまでの政治参加経験のすべてに対して、「効果がなかった」と答えた回答者と「効果があった」と答えた回答者とでは、後者の方が約0.5項目分、総選挙時の政治参加項目数が多いことがわかるのである。この結果から、「政治的活動への参加経験のある市民は、その経験を高く評価するほど、その後の活動にも参加する」という本章の仮説は、妥当であることが示されたといえるだろう。

次に、過去の経験に対する評価と選挙時の被動員頻度との相互作用について検討していく。図5-2は、横軸に被動員頻度、縦軸は先ほどと同様、選挙時の政治参加項目数の予測値をとって、過去の政治参加経験に対する評価ごとに表したものである。この図から、被動員頻度が上がるにつれて、つまり、様々な活動に対して参加するように依頼されるようになるにつれて、自身の過去の経験に対する評価が、選挙時の政治参加に与える影響が大きくなっていくのがわかる。被動員頻度が1のとき

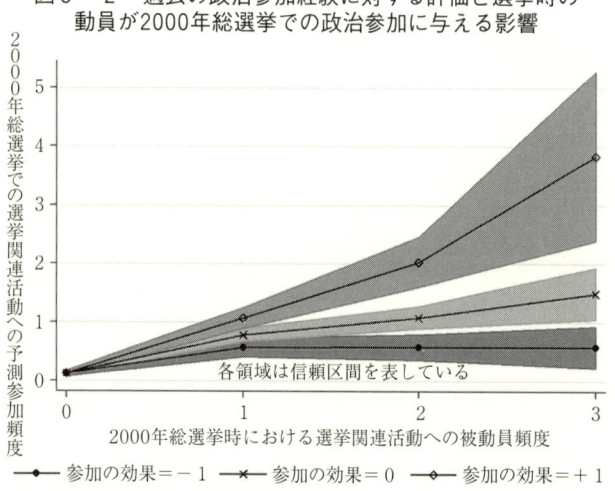

図5-2　過去の政治参加経験に対する評価と選挙時の動員が2000年総選挙での政治参加に与える影響

各領域は信頼区間を表している

2000年総選挙での選挙関連活動への予測参加頻度

2000年総選挙時における選挙関連活動への被動員頻度

参加の効果＝－1　　参加の効果＝0　　参加の効果＝＋1

には，過去の経験を肯定的に捉えていても，否定的に捉えていても，予測参加頻度は１項目前後でばらつきが少ないが，被動員頻度が２つ，３つと増えるにつれて，それぞれの線の傾きに違いがでてくるのである。

たとえば，過去のすべての政治参加に対して「効果があった」と答えた回答者を表す線の傾きは，被動員頻度が上がるつれて右肩上がりとなり，予測参加頻度も高くなる。信頼区間の幅が広くなってしまってはいるが，被動員頻度が３項目のときには，予測参加頻度が被動員頻度を上回っており，頼まれた以上の活動に参加することが予測されている。一方で，過去の参加経験に対する評価が中立であった回答者を表す線も右肩上がりではあるが，その傾きはかなり小さく，たくさん動員されたとしても，実際に参加する項目数はあまり増えないことがわかる。そして，注目すべきは，過去の政治参加に対して「効果がなかった」と答えた回答者の線である。被動員頻度が１以上になると，この線は右肩下がりになっている。つまり，たくさんの活動を依頼されるほど，実際に参加する活動が少なくなることが予測されているのだ。

第３章で述べたとおり，政治参加の実証研究において，動員は市民の政治参加を説明するこれまでにもっとも有力な仮説のひとつであった。しかしながら，動員されることによって政治的活動に参加するのは，過去の政治参加経験を肯定的に評価している市民のみであって，過去の経験を否定的に評価している市民にとって動員されることは，かえってその後の政治参加に消極的になる可能性があるということが，カウントモデルの分析結果から明らかになったのである。次節では，バイナリモデルの分析結果を示し，政治参加のメカニズムにおける市民間の非同質性について検討を加え，どのような市民が政治的活動に対して，「常に参加しない（always zero）」のかを探る。

5．5．　市民の非同質性と動員

前述したように，このモデルでは，常に参加しないグループの存在を仮定して推定している。この仮定が正しいかどうかを検定する方法とし

て，Vuong Testという手法がある。Vuong Testでの値が，正で統計的に有意ならば，従属変数の値が常にゼロとなるグループを仮定したモデルの方が，そうでないモデルよりも適合度が高いということを意味している。表5－2に記載されているとおり，本モデルでの検定結果は，値が3.2で1％水準で有意であった。したがって，本分析においては常に不参加というグループを仮定したモデルの方が，そうでないモデルより適合度が高いということになる。また，観察値とこのモデルによる推定値を比較したものが図5－3である。この図からも本分析の推定値が，観察値と適合している度合いが高いことがわかるだろう。

　次に，バイナリモデル（ロジットモデル）の推定結果から，常に参加しないグループに属する回答者の特性を検討する。表5－2に記載されているとおり，推定に用いた変数群のうち統計的に有意だったのは，被動員頻度と政党支持態度の有無であり，予想どおりの結果となった。すなわち，2000年総選挙で様々な活動にまったく動員されない回答者ほど，そして，政党支持態度を有していない回答者ほど，常に政治参加しないグループに属する可能性が高いということである。図5－4は被動員頻度と不参加確率，つまり，「非関与派」に属する確率との関係を表したもので，図5－5は，政党支持態度の有無と不参加確率との関係を図式化

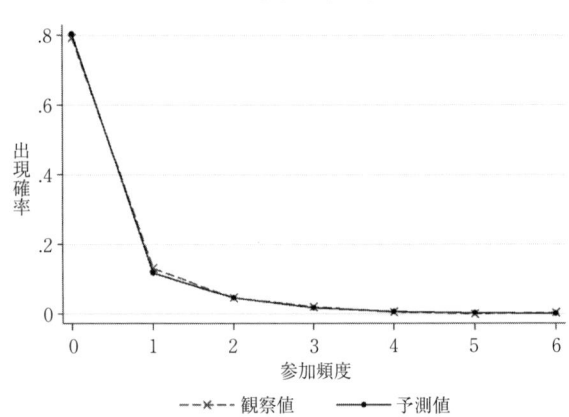

図5－3　観察値と推定値の比較

図5−4　被動員頻度と2000年総選挙での政治活動に
まったく参加しない確率

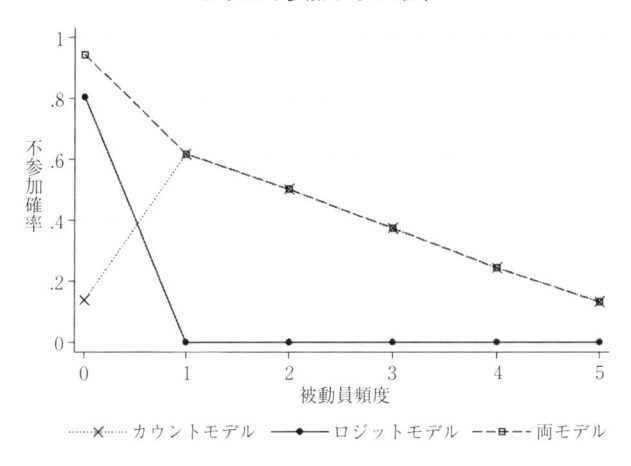

図5−5　政党支持態度と2000年総選挙での政治活動に
まったく参加しない確率

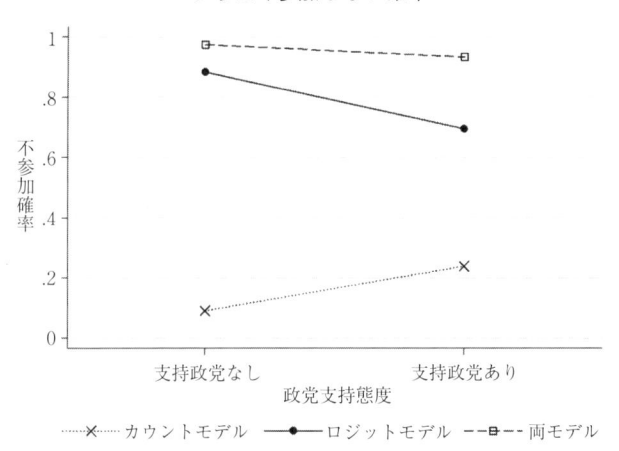

したものである[12]。グラフは，カウントモデルで推定したものと，ロジスティック回帰分析で推定したものと，それらを合わせたものをそれぞ

12　それぞれ，その他の変数は中央値で固定した。

れ示している。ここでは、「常に不参加（always 0）」の人々の行動を分析するため、ロジットモデルでの推定結果に注目する。

まず、被動員頻度と不参加確率との関係については、被動員頻度がゼロの場合、約80％の確率で彼らは参加しないことがわかる。しかしながら、1項目でも参加依頼があれば、全く参加しない確率は大幅に低下している。こうしたグループに対する動員の影響力は非常に大きいといえるだろう。カウントモデルでの被動員頻度の効果と合わせて考えると、全く政治的活動に参加しない「非関与派」の市民は、知人や友人から参加するように依頼されることによって、「関与派」になる可能性があるが、一旦、「関与派」になると、自らの参加経験やその評価にもとづいた行動を選択するようになり、動員そのものが参加に与える影響はかなり小さいものとなると解釈することができる。

次に、政党支持態度と不参加確率との関係について、ロジットモデルでの推定結果をもとに検討を加える。図5－5に示されるとおり、支持政党のない回答者の不参加確率は88.3％で、支持政党がある回答者の確率は69.4％となり、20ポイントほど不参加確率が下がっていることがわかる。動員ほど大きな効果ではないが、特定の政党を支持するようになると、市民は「非関与派」から「関与派」に移行するようになるといえよう。

以上、これまでの分析結果を再度整理すると以下のようになる。1. 過去の政治参加経験そのものが、後の政治参加を促進させている。2. 参加経験の評価が肯定的であれば、その後の活動にも参加する。3. 参加経験を有する市民にとって、動員されることの効果は限定的である。4. ゼロインフレイテッドモデルの適合度が高いことから、政治参加においては、全く参加しないグループとそうでないグループに分けることが妥当である。すなわち、市民の間には非同質性が存在する。5. 全く参加しないグループとは、支持政党をもたず、政治的活動に参加することを全く依頼されないグループである。これより、両分析を通じて、本章の仮説の妥当性は検証されたといってよいだろう。すなわち、参加経験のある市民は過去の政治的活動への参加経験を評価して、その後の活

動に対して参加するかどうかを決定し，参加経験のない市民に対しては，参加を依頼されること，つまり動員が彼らの政治参加に大きな影響を及ぼしているのである。

本章の分析は，前章で示した強化学習による参加メカニズムの前提であった市民の判断能力を検証するものであった。過去の参加経験に対する評価が，次回の行動につながるという分析結果は，市民がこのメカニズムにもとづいて政治的活動に参加するかどうかを選択しているという可能性をより高めるものだといえよう。また，本章での分析結果は，前章で得られた知見とも整合的である。市民が全く参加しないグループとそうでないグループとに分けられるということは，有権者が選挙での投票において習慣的棄権者と習慣的投票者とに分けられるという前章でのシミュレーション結果と一致しているからである。つまり，シミュレーションと統計解析という2つのアプローチによる分析結果が，ともに参加（あるいは棄権）が「習慣的」におこなわれているということを示しているのである。

5.6. 投票参加に対する動員の因果効果

前節の分析において，投票外参加の経験を有する市民に対しては，知人や友人から参加するように依頼されること，すなわち動員の効果が限定的であるということがわかった。そこで本節では，ほぼ全ての市民が参加経験を有している選挙での投票に対して，動員がどの程度効果があるのかを推定する[13]。因果効果を推定するにあたって，本研究では傾向スコアによる重み付け推定法を用いる。以下ではまず，傾向スコアを用いた因果効果の推定方法とその利点について述べる。

Rubin (1978) などによると，ある独立変数が従属変数に対して与える（平均）因果効果は以下のように定義される。独立変数 $X=0$ のときの従

---

[13] JEDS96, JEDS2000, JSS-GLOPE2003, GLOPE2005 はいずれの調査もこれまでに選挙で投票したことのある市民の割合は90%以上であった。

属変数の値を Y_0, 独立変数 $X=1$ のときの従属変数の値を Y_1 とし, 全ての回答者(被験者)において, どちらの従属変数も「本来はある」が観察されるのはどちらかだと考える。このとき独立変数 X の Y に与える因果効果は $E(y_1) - E(y_0)$ である。$E(y_0), E(y_1)$ は全回答者(被験者)の期待値なので $\hat{E}(y_1) = 1/N\Sigma y_1, \hat{E}(y_0) = 1/N \Sigma y_0$ によって推定できるが, 実際には回答者ごとにどちらかの値しか観察されない。しかし, 独立変数の割り当てが無作為におこなわれていれば, $1/N_1\Sigma y_1 - 1/N_0\Sigma y_0$ によって因果効果を推定することができる。

一般に, 研究者が効果を推定したい独立変数を, 対象者に無作為に割り当てておこなう実験研究では, 内的妥当性 (Internal Validity) があるとされ, 研究者にとって関心のある要因の効果のみを知ることができる (星野・繁桝, 2004)。しかしながら, 世論調査のように研究者による独立変数の操作性のないデータでは, 内的妥当性が低く, 関心のある要因の効果のみを知ることは難しい。このような無作為割り当てをおこなっていない研究を相関研究と呼ぶが, 相関研究によって独立変数が従属変数に与える影響を推定するには, 従属変数に影響を与える共変量が独立変数の値によって異なる可能性があり, 共変量の影響を排除する必要がある (星野・繁桝, 2004;星野, 2009)。

従来, 共変量の影響を排除するためには回帰分析や構造方程式モデリング (SEM) を用いることが多かったが, これらの手法は独立変数同士の関係を交互作用も含めて明示的にモデル化する必要があり, 共変量の数が多くなるにつれてモデル化が困難になるという欠点がある。そこで近年, Rosenbaum and Rubin (1983) によって提唱された傾向スコア (Propensity Score) を用いた解析が主に医学や経済学などでおこなわれるようになり, 政治学でも Imai (2005) や Brunell and DiNardo (2004) などで用いられている[14]。

傾向スコアとは, 複数の共変量をひとつの変数に集約しその変数を用

---

[14] 傾向スコアを用いた因果効果の推定については, 星野 (2009) が詳しく解説している。

いてマッチングや層別解析，重み付けをおこなうことによって上述した問題を解決しようとして考案された概念である（星野・繁桝，2004）。星野らによると，具体的には以下のように定義される。第 i 被験者（回答者）の共変量の値を x_i，割り当て変数の値を Z_i とするとき，群 1 へ割り当てられる確率

$$e_i: p(z_i=1|x_i)$$

を第 i 被験者の傾向スコアという。実際には各被験者の傾向スコアの真値はわからないのでデータから推定する必要がある。一般的には被験者に割り当てたい変数を従属変数に，共変量を独立変数とするロジスティック回帰分析によって，上記確率を推定することが多い（星野・繁桝，2004；星野，2009）。本研究でも，動員の有無を従属変数に，参加経験や社会経済的属性といった共変量を独立変数としたロジスティック回帰分析によって傾向スコアを算出した。

ここで，X: 動員の有無，Y: 投票への参加，Z: 共変量とすると，傾向スコアを用いて共変量を調整することにより，高次元の交絡変数 z を 1 次元に落とすことができ，「Z → Y」の関係は線型に限定されず，「X → Y」の関係は傾向スコアに依存してもよくなり，さらには Z から Y へのモデリングが不要となる。しかしながら，傾向スコアを用いて因果効果を推定するには以下の前提条件が必要となる。

「強く無視できる割り当て (Strong Ignorable Treatment Assignment)」

$$(y_1, y_2) \perp\!\!\!\perp z \mid x, 0 < p(z=1 \mid x) < 1$$

（ただし，$\perp\!\!\!\perp$ は Dawid (1979) の記法で，独立を表す）

このため，傾向スコアを用いる際には，1. z を与えた下で，バランスがとれた割付けがなされている，2. z がすべての交絡要因を含んでいることが必要となり，通常，ロジスティック回帰分析の的中率などによって判断される（星野・繁桝，2004）。次に傾向スコアによる重み付け推定法について述べる。

本研究では，Rubin (1985), Rosenbaum (1987) らが Horvits and Thompson (1952) の方法を拡張した重み付け推定法を用いて，動員の投票参加に与える効果を推定する。この重み付け推定法は傾向スコアの逆数による重み付け平均を用いる。具体的には，

$$\hat{E}(y_1) = \frac{\sum_{i=全回答者} \frac{z_i}{e_i} y_{1i}}{\sum_{i=全回答者} \frac{z_i}{e_i}}, \quad \hat{E}(y_2) = \frac{\sum_{i=全回答者} \frac{1-z_i}{1-e_i} y_{2i}}{\sum_{i=全回答者} \frac{1-z_i}{1-e_i}} \quad (式2)$$

となり，これらの差が平均因果効果となる。ただし y_1 は動員ありを，y_2 は動員なしを表す。本研究では，表5－3に示す変数を，従属変数，独立変数，そして共変量として推定した。分析に用いた世論調査データは，第2章で示した1976年－2003年までの調査データである[15]。推定結果を表5－4に示す。

推定の結果，選挙ごとの分析では，1996年の衆議院総選挙のみ動員された有権者とそうでない有権者との投票率の差が統計的に有意であり，その他の年は動員には有意な効果がないことがわかった。また，全てのデータセットを同時に推定した結果でも，統計的に有意な効果は確認されなかった。以上より，有権者のほとんどが参加した経験を有する選挙での投票では，概ね動員は効果がないということが明らかになり，この結果は，先の投票外参加についての分析結果とも一致しているといえる。

本章の分析結果から，1996年の総選挙で動員に効果が認められた原因を断定することはできない。しかし，有権者が強化学習メカニズムにもとづいて投票するか棄権するかを決めているとするならば，この現象は，学習の中断として捉えることができるだろう。1996年の総選挙は，選挙制度が中選挙区制から小選挙区比例代表並立制に変更されて初めての選挙であった。したがって，異なる制度に直面した有権者が投票するかどうか決める際の要素として，中選挙区制時代に獲得してきた彼らの投票経験やその経験に対する評価を使うことができなくなっていた可能性が

15　2005年および2009年調査データには，「知人や友人から投票を依頼されたかどうか」を尋ねる質問がないため，分析することができなかった。

表5−3　推定に用いた変数一覧

変数	説明
従属変数	
各調査年における衆院選での投票参加	1＝投票，0＝棄権
独立変数	
衆院選での被動員	1＝知人や友人から投票するように依頼された，0＝依頼されていない
共変量	
1 性別	1＝男性，0＝女性
2 年齢	表5−1参照
3 教育程度	表5−1参照
4 世帯年収	0＝200万円未満，1＝200万〜400万円，2＝400万〜600万円，3＝600万〜800万円，4＝800万〜1000万円，5＝1000万円以上
5 15年以上居住ダミー	1＝居住年数15年以上，0＝15年未満
6 居住地：大都市ダミー	1＝東京都区部，札幌市，仙台市，千葉市，横浜市，川崎市，名古屋市，京都市，大阪市，神戸市，広島市，北九州市，福岡市，0＝それ以外
7 居住地：町村ダミー	1＝町村，0＝それ以外
8 職業：農林水産業ダミー	1＝農林水産業従事者，0＝それ以外
9 職業：公務員ダミー	1＝公務員，0＝それ以外
10 職業：主婦ダミー	1＝主婦，0＝それ以外
11 各種組織加入ダミー	「自治会・町内会」「PTA」「同業者の団体」「農協」「労働組合」「生協・消費者団体」「ボランティア団体」「住民運動団体」「市民運動団体」「宗教団体」「学校の同窓会」「政治会の後援会」に，それぞれ加入していれば1，加入していなければ0
12 国政に対する信頼	0＝信頼していない〜10＝信頼しているの11点尺度
13 政治参加経験ダミー	「選挙で投票する」，「選挙に立候補する」，「選挙運動を手伝う」，「候補者・政党への投票を知人に依頼する」，「政治家の後援会員となる」，「政党の党員になる」，「政党の活動を支援する（献金・機関紙の購読など）」，「政党や政治家の政治集会に行く」，「国や地方の議員に手紙を書く，電話をする」，「役所に相談する」，「請願書に署名する」，「デモや集会に参加する」，「住民投票で投票する」，「地域のボランティア活動や住民運動に参加する」，「自治会活動に積極的に関わる」に，それぞれ参加したことがあれば1，なければ0
14 政治的有効性感覚	「自分自身には政府のすることに対して，それを左右する力はない」について，「そう思う」＝0〜そう思わない＝3の4点尺度

ある。つまり，第4章で示したような有権者の学習のループが制度変更によって切断されたことで，彼らの「習慣」がリセットされ，結果として，友人や知人からの投票依頼の影響力が相対的に増したというわけである。もし，この解釈が正しければ，96年総選挙では，有権者の多くを占める習慣的投票者の投票確率が低下したことに加え，知人や友人からの投票依頼があった有権者の割合は39.7％しかなかったため，全体と

表5-4 動員が投票参加に与える因果効果

	1976	1983	1993	1996	2000	2003	全体
動員あり	0.92	0.88	0.91	0.91	0.91	0.88	0.90
動員なし	0.90	0.82	0.89	0.85	0.88	0.85	0.88
差（因果効果）	0.02	0.06	0.02	0.06*	0.04	0.03	0.02
n	523	571	1459	796	282	962	4431

*p<.05

データ
1976年「日本人の政治意識と行動調査（JABISS）」
1983年「日本人の選挙行動調査（JES I）」
1993年「変動する日本人の選挙行動（JES II）」
1996年「衆議院選挙に関する世論調査（JEDS96）」
2000年「社会意識と生活に関する世論調査（JEDS2000）」
2003年「開かれた社会に関する意識調査（JSS-GLOPE2003）」

しての投票率は他の年と比べて低いことが予想される。実際，第2章で示した各年の衆院選投票率を比較しても，1996年はもっとも投票率が低い選挙となっている。もちろん，このような解釈の妥当性を検証するためには，より詳細な分析が必要である。

5.7. まとめ

　本章では，投票以外の政治的な活動に対する参加の過程を，参加経験を有する市民と参加経験をもたない市民とに分けることによって説明することを試み，政治的活動に対する参加については市民の間に非同質性が存在することを明らかにした。このことは，市民による政治参加が異なる2つのメカニズムによってなされていることを示している。

　すなわち，参加経験の全くない市民は，参加を依頼されることではじめて，その政治的活動に対して有していた拒否感を低下させ，その活動に参加していく。しかしながら，その経験が市民にとって満足できるものでなければ，その後動員を受けたとしても，継続的に参加することはない。一方で，既に政治的活動に対して参加した経験を持っている市民，つまり，その活動に対する拒否感が少ない市民は，自らの経験に対する評価をもとに行動を決定していくのである。また，ほとんどの市民が参加経験を有する投票参加に対し，動員が効果をもたらさなかったということは，上記のメカニズムが投票にも当てはまる可能性が高いことを示している。

　前章でのシミュレーション，そして本章での計量分析から，本書が提

示した強化学習メカニズムによる政治参加モデルは，第2章で紹介してきた従来のモデルよりも妥当性が高いといえるだろう。そこで次章では，このような市民の「学習」が何を生み出すのか，いいかえれば，市民が政治的活動に参加し，その結果を認識することによって，彼らの態度にどのような変化がおきるのかを，2つの実験結果から検証する。具体的にいうと，1つ目の実験では，選挙結果が市民の所属集団に対する帰属意識に与える効果を明らかにする。そして，2つ目の実験では，選挙結果が市民の民主主義に対する満足度とシステムサポートに与える影響を検証する。

　本書で選挙結果と所属集団に対する帰属意識に着目するのは，さきほどの分析によって，動員が政治参加に与える効果が限定的であることが明らかになったからであり，このことは，本研究の分析の視座を個人が属する社会にまで拡張する必要性を示唆している。なぜならば，第3章で述べたようにこれまでの多くの政治参加研究において，様々な組織や集団に属している個人は，そうでない個人に比べて参加しやすいという傾向が認められており，その最大の原因と考えられてきたのが，組織や集団による動員だったからである。特に，投票に対して動員の効果がないということは，選挙において「組織，集団への加入」→「組織からの動員」→「投票」というこれまでの投票参加研究で主張されてきた因果関係が否定されることを意味する。では，動員に代わって新たに個人と社会集団とをつなぐメカニズムは何なのか，すなわち参加に対して，個人がある集団に属することがどのような影響を与えるのか。それを探る必要があるといえよう。

　2つ目の実験の目的は，これまで，どちらかというと政治「行動」を説明する際の独立変数として捉えられてきた市民の様々な政治的「態度」が，自身の「行動」とその帰結からどのように変化するのかを観察することにある。第3章で述べたように，政治的有効性感覚や投票に対する義務感といった政治態度と政治参加との関係は，必ずしも常に「態度」が「行動」に先行しているわけではなく，「行動」によって「態度」が変化することを指摘する研究も多い。自らの政治参加とその結果

によって，市民が民主主義システムに対してどのような態度をもつようになるのか，これを明らかにすることは，「行動」を繰り返すことで学習していく習慣的投票者，あるいは習慣的棄権者の特性を理解するのに資すると考えられるのである。

第6章　学習が生み出すもの

　本章では，前章までに検証してきた強化学習による政治参加のメカニズムによって，市民の政治的態度にどのような変化が生まれるのかを，2つの実験によって明らかにする。1つ目の実験では，前章で検討した「社会集団の構成員が動員によって政治参加する」というメカニズムに代わる，社会集団と政治参加とを結び付ける別のメカニズムを検討する[1]。有権者の政治行動は，動員によってではないが，彼らの属する社会集団と密接な関係を有していると考えられる。なぜならば，選挙で投票したり，あるいはデモや集会に参加するといった有権者の政治行動の結果は，彼ら個人に帰するものではなく，たとえば「労働者」や「高齢者」，あるいは「女性」といった彼らの属する社会集団全体に帰することが圧倒的に多いからである。ここで留意しなければならないことを2つ指摘した

---

[1] 本章の分析の一部は，荒井紀一郎・村上剛. 2008.「有権者の2つの顔，『会社員』と『党派人』－複数の帰属意識間の葛藤がもたらす政治行動への影響－」2008年度日本選挙学会報告論文にも用いられている。

い。それは,第1に現代社会において有権者は常に複数の社会集団に属しているということ,そして第2に,集団が置かれている社会的立場や状況は流動的であるということである。最初に紹介する実験ではこの2点に着目して分析をおこなう。具体的には,社会集団に対する帰属意識が有権者の置かれている社会的状況と相互作用を起こしながら,投票参加に対して大きな影響を及ぼしていることを示す。これらの相互作用を確認するために,日本の会社員を対象とした調査実験(Survey Experiment)データの分析結果を示す。以下ではまず,有権者の帰属意識と帰属集団の社会的状況との関係について整理する。

6.1. 実験1：集団に対する帰属意識[2]と政治参加

民主主義体制下の社会において,選挙に負けることは自分が社会的に「少数派」に位置づけられることを意味し,逆に選挙で勝つということは自分が社会の中で「多数派」となり,自らの主張や要求が政策に反映されやすくなることを意味する。そして,本書が提起する強化学習による投票参加メカニズムには,自分の支持する政党や候補者の選挙での勝利が次回以降の投票参加を促す機能があるということは,これまでの分析で示した通りである。したがって,自分が社会的に多数派に属しているのか,それとも少数派に属しているのかという有権者自身の認識は,彼らの政治行動を決定する重要な要素なのである。しかしながら,先ほど述べたように,現代社会において市民は複数の集団に同時に属しており,それらの集団に対する帰属意識もまた,同時に保有していると考えられる。自らが帰属意識を持っている特定の集団が社会的に多数派であったとしても,同じように帰属意識を持っている別の集団は少数派であるかもしれない。帰属意識を持つ複数の所属集団が共に多数派である場合もあろう。では,人々が帰属意識を持つそれぞれの集団で取るべき行動が矛盾する場合,人々はどちらの集団の規範に合致した行動を取るのであ

---

2 本書では,帰属意識とアイデンティティを同義として扱う。

ろうか。1つ目の実験では，有権者の政党に対する帰属意識によって導かれる行動と，職業集団に対する帰属意識によって導かれる行動とが異なる場合に，有権者がどのような政治行動を取るかを検討する。

これまでの政治意識・投票行動研究においては，性別や職業，階層などといった広い意味での社会集団に対する帰属意識が政治行動を説明するうえで重要な役割を果たしていると主張されてきた（Lazarsfeld et al., 1944; Berelson et al., 1954; Campbell et al., 1960; Lipset and Rokkan, 1967）。また，政党や党派集団（支持者，党員など）に対する帰属意識が政治行動を大きく規定することも指摘されている（Greene, 2004）。しかしながら，これまでの研究において社会集団に対する帰属意識と政治集団に対する帰属意識との関係は，前者が一方的に後者を規定し，政治集団に対する帰属意識が政治行動を規定するという理論的な前提を有していた（Campbell et al., 1960）。また，方法論的にもこれまでの政治意識・投票行動研究の大部分は，世論調査を用いており，社会集団に対する帰属意識と政治集団に対する帰属意識が矛盾する状況を分析することは困難であった。

そこで筆者らの研究グループでは，特定の政党に対して帰属意識を有していると答えた会社員を対象に，「職業集団としての会社員は社会の中では多数派だが，自分が帰属意識を有している党派集団内では少数派である」と認識させる調査実験をおこなった。実験では，まず，どの党派集団に属し，どの程度の強さの帰属意識を感じているかを示す党派アイデンティティ強度を測定し，実験群には「自分のような普通の会社員は，党派集団内では少数派である」とする情報を与えた上で，党派性の強さを再度計測し，投票に参加するかどうか及び投票先政党について尋ねた。この操作によって，社会の中では多数派である会社員アイデンティティを持つ回答者が，同じくアイデンティティを持つ政治的党派集団の中では少数派であると感じたときに，どのような行動を選択するのかを観察することができる。

結果を先取りすると，実験を実施した当時，社会的に少数派であった自民党派の会社員は，自らが少数派であると認知すると棄権する傾向に

あり，社会的に多数派であった民主党派の会社員は，少数派であると認識すると，自民党派の会社員とは逆に，より投票に行く傾向にあることがわかった。

6.2. 複数の帰属意識と政治行動

現代社会において有権者は，家族，地域，職場などの社会集団に属しつつ，同時に政党や党派集団や後援会などの政治集団にも属している。つまり，彼らは常に複数の集団に属しているのである。帰属している集団が複数あるのであれば，当然それら集団に対する帰属意識も複数有しているはずであり，政治行動に対してはそれら複数の帰属意識が相互作用を起こしている可能性がある。ここに，強化学習によって行動する個人と社会との接点が見いだされると考えるのである。

これまで，所属集団に対する帰属意識は，様々な政治行動を規定する要素のひとつとして研究がなされてきた。たとえば，Verba, Schlozman, and Brady (1995) や Pattie, Seyd and Whiteley (2004) では社会における様々な組織・集団に帰属し，それらの集団に対して愛着をもつことが，その組織・集団が直接政治とは関係のないものであっても，市民の政治参加を促していることを示した。また，もっとも典型的な政治的アイデンティティのひとつである党派的アイデンティティ（政党帰属意識，Partisanship）は，キャンベルらの *the American Voter* によって提唱されて以来，その構造や安定性や測定法などについて様々な議論がなされてきたが，依然として有権者の投票行動，特に投票の方向を規定するもっとも大きな要因とされてきた（Campbell et al., 1960; Fiorina, 1981）。

しかしながら，上述したように，帰属している組織や集団によって，有権者はその社会において多数派になったり少数派になったりしている。様々な集団に同時に属している有権者にとって，帰属する全ての集団が社会において多数派であったり，少数派であったりすることは稀であろう。そして，民主主義体制下の社会において少数派になるということは，自分にとって不利益を被るリスクを負うということを意味する。なぜな

ら，民主主義とは多数派がイニシアティブを握るシステムだからである。したがって，有権者の持つ複数のアイデンティティの相互作用が政治行動にもたらす影響を明らかにするためには，アイデンティティを有している集団や組織が社会において多数を占めているのか，それとも少数派なのかを考慮することが不可欠である。

　神・山岸（1997）は，最小条件集団実験における内集団バイアス3など，集団における成員の協力行動を説明する代表的な原理である社会的アイデンティティ理論（Social Identity Theory）について，以下のようにまとめている。それによると，1．個人は集団への所属によって自己を定義し，2．個人は肯定的な社会的アイデンティティを求め，それを保持する欲求をもつ。3．肯定的な社会的アイデンティティは，内集団が外集団よりも優れていると認識することで達成される。4．肯定的な社会的アイデンティティの達成が困難な場合，個人は自分の属している集団を去るか，現在の集団を肯定的に知覚しようと努める，つまり社会的アイデンティティ理論では，所属している集団に対するアイデンティティによって，個人は内集団利益と外集団利益の差を最大化しようとするのである（神・山岸，1997）。このことから複数の集団に対してアイデンティティを有している個人は，自分の属している集団の中で，もっとも得られる利益が大きいと認知した集団に対するアイデンティティにしたがって行動することが予想される。そこで，1つ目の実験における仮説を以下のとおりとする。

仮説4：
　　社会において自分が多数派であると認識している有権者は，彼らの社会集団に対する帰属意識が導く行動と，政治集団に対する帰属意識が導く行動とが矛盾する状況に置かれると，

　3　最小条件集団実験における内集団バイアスについては，Billig and Tajfel (1973) や Tajfel (1982) を参照されたい。
　4　本来は社会的に少数派な集団も実験対象とすべきだが，今回は実験デザインの都合上，社会的に多数派である会社員のみを実験対象とした。

1. 政治的にも多数派であれば、政治集団に対する帰属意識にしたがって政治行動を選択する
2. 政治的には少数派であれば、社会集団に対する帰属意識にしたがって政治行動を選択する

以下では、現代の日本社会において多数派である会社員[5]を対象に調査実験をおこなうことによって、社会の多数派である会社員と政治の多数派である党派集団とで導かれる行動が異なる状況、また、社会の多数派である会社員と政治の少数派である党派集団とで導かれる行動が異なるという状況において、彼らがどちらの帰属意識に基づいて行動するかを検証する。本調査実験は2007年7月におこなわれた参議院議員通常選挙後の8月に実施されたものである。したがって、本仮説における「政治的な多数派」は参議院選挙で勝利した民主党派のことを指し、「政治的な少数派」はそれ以外の党派を指すことになる。次節では本仮説を検証するために実施した調査実験の概要について述べる。

6.3. 実験1のデザイン

上述した仮説を検証するためには、有権者の政治集団に対する帰属意識が要請する行動と社会集団に対する帰属意識が要請する行動が矛盾する状況とそうでない状況とを作り出し、2つの状況におかれた個人の行動が果たして異なるかを検証する必要がある。帰属意識と政治行動との関連については、これまでの研究の多くにクロスセクショナルな世論調査データが用いられてきたが、このようなデータから厳密な意味で因果関係を推定するのは困難である (Gains, Kuklinski and Quirk, 2007)。また、被験者を実験室に集めておこなう実験では学生を被験者に使うことが多いが、本仮説の検証に学生を用いることは不適切である。そこで、日本

---

[5] 平成14年度就業構造基本調査によると、全就業者に占める会社員の割合は38.2%である。

の会社員を対象としてインターネットを用いた調査実験を実施することによって，仮説を検証することにした。

「インターネットによる会社員の政治意識調査」[6]は2007年の参議院議員通常選挙後の8月24日－27日にかけて実施された[7]。調査会社にモニターとして登録されている1,570,070人（延べ，2007年9月末日現在）の中から全国の満20歳から65歳までの会社員（会社役員，管理職は除く）2533人を抽出[8]し，回答依頼のメールにある指定されたWEBページで質問項目に回答してもらった。回収率は43.1％で，有効回答数は1071名であった。本調査の分析に用いた質問項目，基本的な集計値などは補遺に記載した。

図6－1は実験の手順をフローチャートに示したものである。調査ではまず，2007年7月に実施された参議院議員通常選挙の比例区においてどの政党に投票したかを尋ね，その後「あなたがつねづね身近に感じる政党」を挙げさせた。「身近な政党」は党派性を測定する指標のひとつであり，国際比較世論調査であるCSES (The Comparative Study of Electoral Systems)でも用いられている指標である。次に，組織や集団への帰属意識を測定する際に使われるIDPG (the Identification with a Psychological Group) の指標を用いて，「身近な政党」で挙げた政党に対する党派アイデンティティの強度を測定した。Mael and Tetrick (1992) はIDPGで使われる10個の指標が「共有された経験」と「共有された特徴」の2次元から成り立っていることを示している。そこで本章では「共有された経験」から2項目，「共有された特徴」から2項目の計4項目を用いて党派アイデンティティの強度を測定した[9]。

---

6 本調査は平成19年度科学研究費補助金（特別研究員奨励費：07J53213）を用いて実施した。

7 実査は株式会社Yahoo! Japan（Yahoo! リサーチ）に委託した。

8 計画サンプル数は1000名で，総務省統計局による「平成14年就業構造基本調査結果（地域編）」を用いて都道府県・男女別の割り当て数を算出した上でサンプル抽出をおこなった。

9 IDPGを党派的アイデンティティの測定に用いた研究として，Greene

図6-1　調査実験1のフロー

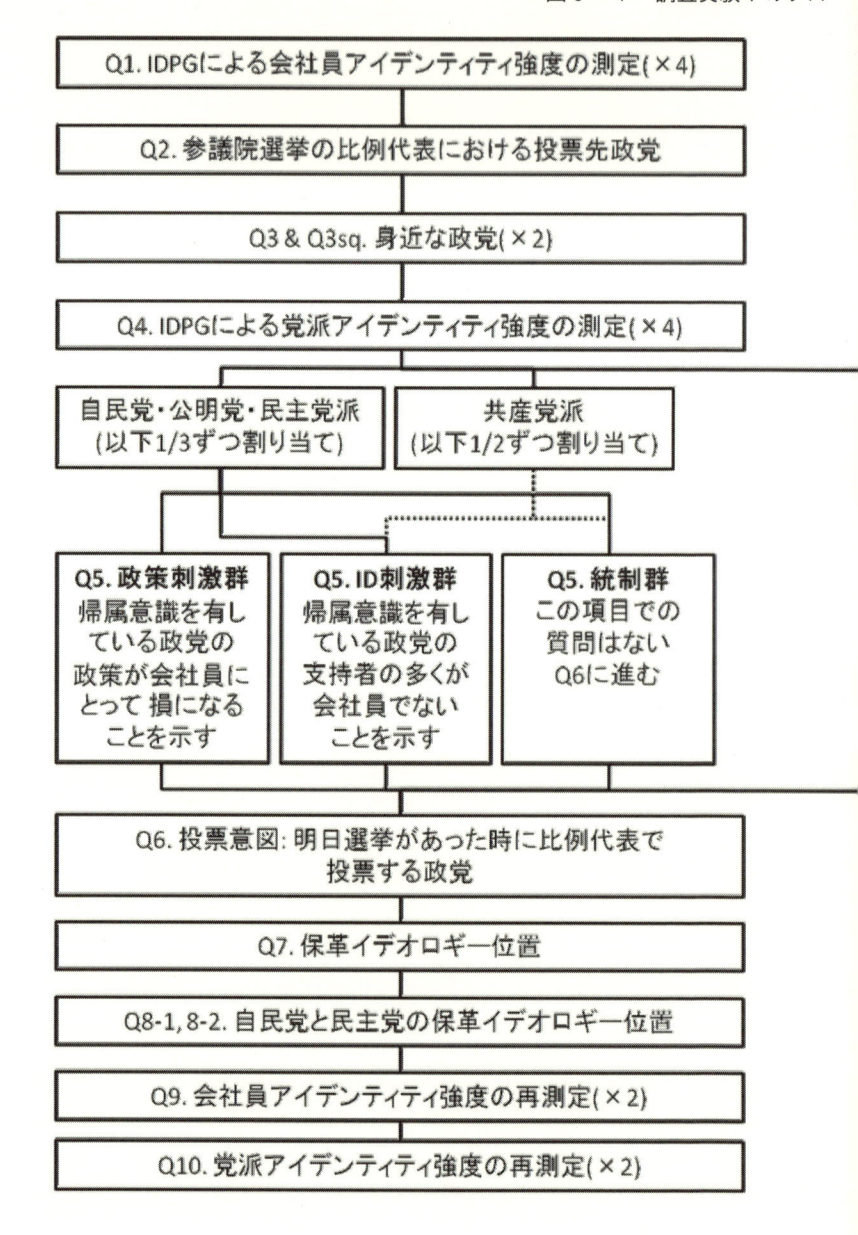

```
┌─────────────────────────────────────────────┐
│ Q1. IDPGによる会社員アイデンティティ強度の測定(×4) │
└─────────────────────────────────────────────┘
┌─────────────────────────────────────────────┐
│ Q2. 参議院選挙の比例代表における投票先政党       │
└─────────────────────────────────────────────┘
┌─────────────────────────────────────────────┐
│ Q3 & Q3sq. 身近な政党(×2)                    │
└─────────────────────────────────────────────┘
┌─────────────────────────────────────────────┐
│ Q4. IDPGによる党派アイデンティティ強度の測定(×4) │
└─────────────────────────────────────────────┘

┌──────────────────────┐  ┌──────────────────┐
│ 自民党・公明党・民主党派 │  │ 共産党派          │
│ (以下1/3ずつ割り当て)  │  │ (以下1/2ずつ割り当て)│
└──────────────────────┘  └──────────────────┘

┌───────────┐ ┌───────────┐ ┌───────────┐
│Q5.政策刺激群│ │Q5.ID刺激群 │ │Q5.統制群   │
│帰属意識を有し│ │帰属意識を有し│ │この項目での │
│ている政党の │ │ている政党の │ │質問はない  │
│政策が会社員に│ │支持者の多くが│ │Q6に進む    │
│とって 損になる│ │会社員でない │ │           │
│ことを示す   │ │ことを示す   │ │           │
└───────────┘ └───────────┘ └───────────┘

┌─────────────────────────────────────────────┐
│ Q6. 投票意図: 明日選挙があった時に比例代表で   │
│ 投票する政党                                  │
└─────────────────────────────────────────────┘
┌─────────────────────────────────────────────┐
│ Q7. 保革イデオロギー位置                      │
└─────────────────────────────────────────────┘
┌─────────────────────────────────────────────┐
│ Q8-1, 8-2. 自民党と民主党の保革イデオロギー位置 │
└─────────────────────────────────────────────┘
┌─────────────────────────────────────────────┐
│ Q9. 会社員アイデンティティ強度の再測定(×2)     │
└─────────────────────────────────────────────┘
┌─────────────────────────────────────────────┐
│ Q10. 党派アイデンティティ強度の再測定(×2)      │
└─────────────────────────────────────────────┘
```

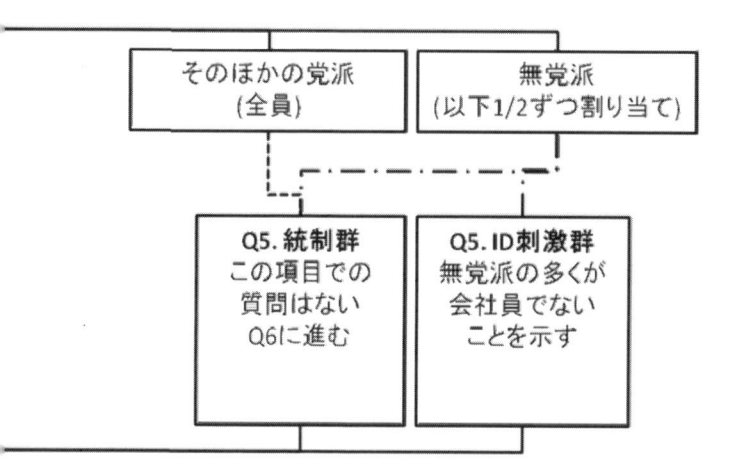

第6章 学習が生み出すもの　117

```
┌─────────────┬─────────────┐
│ そのほかの党派 │    無党派    │
│   (全員)    │(以下1/2ずつ割り当て)│
└──────┬──────┴──────┬──────┘
       │             │
┌──────┴──────┐┌─────┴──────┐
│ Q5. 統制群  ││Q5. ID刺激群 │
│ この項目での ││ 無党派の多くが│
│  質問はない ││  会社員でない │
│  Q6に進む   ││  ことを示す  │
└─────────────┘└─────────────┘
```

党派アイデンティティ強度を測定した後，自民党，民主党，公明党，共産党を選択した有権者と，無党派を選択した有権者とをそれぞれ実験群・統制群に無作為に割り当てた。実験群の自民党派，民主党派及び公明党派の回答者は，「(自分のような) 会社員は〇〇党派の有権者の中では少数派である」という情報を与えて，彼らの社会集団および党派集団に対する帰属意識を刺激するグループ（以下，ID 刺激群）と，「〇〇党の政策は会社員にとっては不利である」という情報を与えて，彼らの支持政党の政策に対する認知を刺激するグループ（以下，政策刺激群）とに分けて，統制群を含めた3グループに割り当てている。一方，共産党派と無党派の回答者は ID 刺激群と統制群の2グループにそれぞれ割り当てている。

　実験室での実験と異なり，調査実験，特にインターネットを用いた実験の場合には，回答者が実験の手順を正しく踏まえているかどうかを確認することに工夫が必要となる。そこで，本実験では回答者が確実に実験者の意図した刺激を受けるように，以下の手順で刺激を与えた。まず，ID 刺激群に対しては，1. 過去の世論調査でその政党を身近であると答えた有権者の職業別内訳を示す円グラフを示し，2. その円グラフから読み取れる内容として正しいものを4つの選択肢から選ばせ，3. 回答後，もう一度円グラフの内容を示した文章を提示した。次に，政策刺激群（自民・公明，民主党派のみ）に対しては，1. 各政党の政策が記載されている新聞記事を示し，2. ID 刺激群と同様に記事から読み取れる内容を4つの選択肢から選ばせ[10]，3. 回答後，再度新聞記事の要約を示した。

　ここで留意すべきことは，実験群の被験者のうち，4択問題の正解者，つまり刺激の内容を正しく読み取れた回答者のみを分析対象として，統制群の回答者と比較すると，因果効果の推定にバイアスを生む可能性が

(2002, 2004)，平野（2002b）などがある。

[10] つまり，2つの刺激はどちらも回答者に虚偽の情報を与えるデセプションは用いていない。

あることである。なぜなら，刺激の内容を正しく読み取れない回答者は，潜在的には同じ確率で統制群にも含まれているからである。そこで，分析には正解，不正解を問わず全ての実験群の回答者を用いて統制群の回答者と比較している。

各実験処理の後，全ての回答者に対して「明日選挙があったら比例区ではどの政党に投票するか」と投票意図を尋ねるとともに，先ほど使用しなかった IDPG の項目を共有経験，共有特徴からひとつずつ再度尋ねて，党派アイデンティティ強度の変化を測定した。なお，刺激の効果をコントロールするために，回答時間1分以上15分以内の回答者を分析対象とした[11]。次節にて，各実験刺激が党派アイデンティティと投票参加に与える効果について示していく[12]。

6.4. 実験1の結果

まず，実験群が刺激を与えられる前に測定した党派ID強度と，刺激を与えられた後に測定された党派ID強度とを比較し，その安定性を検証する。表6－1は党派・実験処理別に党派ID強度を推定した多母集団の平均構造共分散分析の結果である（図6－2はパス図と各観測変数に用いた質問項目を表している）[13]。表6－1の標

表6－1 党派・実験処理別の党派ID強度の変化（平均構造共分散分析）

	b	β	SE	n
統制群（LDP）	0.68	0.84	0.11***	65
ID 刺激群（LDP）	0.61	0.72	0.14***	60
政策刺激群（LDP）	0.79	0.82	0.14***	73
統制群（DPJ）	0.63	0.69	0.10***	118
ID 刺激群（DPJ）	0.67	0.89	0.09***	86
政策刺激群（DPJ）	0.87	0.96	0.09***	98
CFI	0.92			
RMSEA	0.05			

***$p<0.001$

---

11 回答時間1分以上15分以内の回答者は全回答者の95％にあたる。
12 実験の刺激が回答者の投票方向に与える影響については，荒井・村上（2008）を参照されたい。
13 モデルには因子負荷量を群間で固定するとともに，自民党派，民主党派の実験処理前のID強度は群間で等値であるという制約を入れ，観測変数の切片は0に固定している。推定の結果，実験処理前の自民党派の

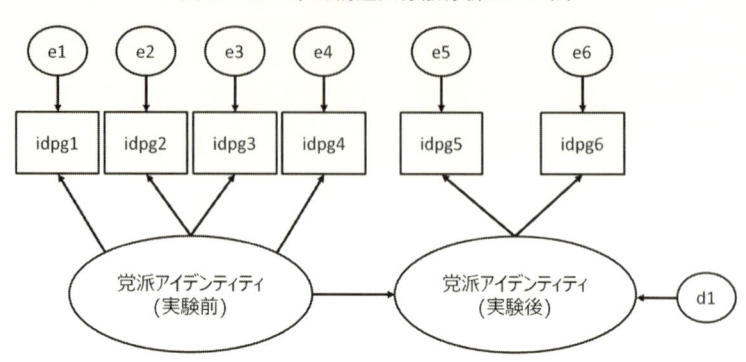

図6−2　平均構造共分散分析のパス図

※IDGPスケールの質問項目（すべて，「強くそう思う」から「全くそうは思わない」までの5点尺度
■実験前
idgp1：メディアなどが●●党派のことについて批判しているのを聞くと，困惑したり腹を立てたりする
idgp2：●●党派について悪くいわれると，あなた自身のことが悪くいわれているように感じる
idgp3：自分には●●党派の典型的な特徴が多くある
idgp4：●●党派全般にとっての成功は，自分にとっての成功である
■実験後
idgp5：他の人が●●党派についてどのように考えているのかとても興味がある
idgp6：自分は典型的な●●党派のように考えたり，行動したりする

準化係数（β）の値は，各実験処理前に測定した党派IDの強度と実験後に測定した党派ID強度との相関を表しているので，この値が高ければ高いほど実験前と実験後のID強度が一致している（つまり，回答を変えない）会社員が多いということを示している。逆にこの値が低ければ，実験前と実験後で回答を変えた会社員が多いということを示している。また，表中のCFI，RMSEAはモデルの適合度を表す指標であり，CFIは0.9以上，そしてRMSEAは0.05以下なら当てはまりがよいとされている。

表6−1から自民党派と民主党派では，各刺激に対する反応が異なることがわかる。自民党派でもっとも党派強度が安定しているのは統制群であり，ID刺激群の回答者は統制群に比べてID強度が変化しやすい傾

ID強度の平均値は0.83，民主党派の平均値は0.96であった。

向がある一方で，民主党派でもっとも安定しているのは政策刺激群であり，次いでID刺激群が安定していて，もっとも不安定なのは統制群である。すなわち，政治的に少数派である自民党派の会社員はID刺激によって党派強度が不安定になっているが，政治的に多数派である民主党派の会社員はID刺激によって党派強度を安定させているのである。この結果は，「社会の中では自分達（会社員）は多数派だが，党派集団の中では自分達（会社員）は少数派になっている」というID刺激を受けることによって，自分の党派が政治的に少数派だと認識している自民党派の会社員は，多数派である会社員としての帰属意識にもとづいた行動を選択し，自分の党派が政治的に多数派だと認識している民主党派の会社員は，党派アイデンティティにもとづいた行動を選択するという，先に述べた仮説と整合的であるといえよう。

　次に，各実験刺激が回答者の投票参加に対する意図に与えた効果について検討する。表6－2[14]は党派と2007年参議院選挙での参加状況別に，投票参加意図[15]に対する実験効果を表している。この表から，党派や前回選挙での参加状況によって，実験で与えた刺激の効果に違いがあることがわかる。党派別の結果を見ていくと，自民党派はID刺激または政策刺激を与えられることによって棄権率が増加するのに対し，民主党派と無党派は実験群のほうが統制群よりも参加する意図を持つようになる。特に，無党派の会社員に対するID刺激の効果は大きく，統制群では参加すると答えた回答者の割合が47.6％と過半数を割っているのに対して，ID刺激を与えられた群の参加率は61.2％と大幅に高くなっている。

　また，この傾向は，自民党派及び民主党派では参院選棄権者の方が顕著である。つまり，自分の党派が"敗北"した参院選において棄権した

14　表6－2の「全回答者」には，2007年参院選での投票先を尋ねた質問に答えていない回答者も含まれているため，「参院選投票者」と「参院選棄権者」の和と必ずしも一致しない。

15　「明日，選挙があったら比例区ではどの政党に投票するか」という質問に対して，いずれかの政党に投票すると答えた回答者を「参加」，棄権すると答えた回答者を「棄権」とした。

表6－2　実験処理別投票参加状況

		全回答者			参院選投票者			参院選棄権者		
		棄権	参加	計	棄権	参加	計	棄権	参加	計
自民党派	統制群	8	48	56	2	35	37	5	13	18
	%	14.3	85.7	100.0	5.4	94.6	100.0	27.8	72.2	100.0
	ID 刺激群	12	46	58	4	37	41	7	8	15
	%	20.7	79.3	100.0	9.8	90.2	100.0	46.7	53.3	100.0
	政策刺激群	16	53	69	3	45	48	13	4	17
	%	23.2	76.8	100.0	6.3	93.8	100.0	76.5	23.5	100.0
民主党派	統制群	16	99	115	6	87	93	10	11	21
	%	13.9	86.1	100.0	6.5	93.6	100.0	47.6	52.4	100.0
	ID 刺激群	7	78	85	4	69	73	3	9	12
	%	8.2	91.8	100.0	5.5	94.5	100.0	25.0	75.0	100.0
	政策刺激群	11	86	97	2	74	76	8	12	20
	%	11.3	88.7	100.0	2.6	97.4	100.0	40.0	60.0	100.0
無党派	統制群	77	70	147	19	61	80	43	7	50
	%	52.4	47.6	100.0	23.8	76.3	100.0	86.0	14.0	100.0
	ID 刺激群	54	85	139	12	76	88	39	7	46
	%	38.9	61.2	100.0	13.6	86.4	100.0	84.8	15.2	100.0

※網掛け部分は，フィッシャーの正確確率検定において5％水準で有意なことを示す

　自民党派の会社員は，自分が党派内で少数派だと感じたり，自民党の政策が自分に不利だと感じたりすると，その後も棄権する傾向にあるのに対し，自分の党派が"勝利"した参院選において棄権した民主党派の会社員は，上記のような刺激に対してポジティブな反応をするのである。

　ここまで，有権者が属する複数の社会集団に対する帰属意識とその社会集団を取り巻く環境とに焦点をあてることで，社会集団と投票参加との関係を明らかにしてきた。これまでの分析結果を整理すると以下のようになる。1. ID 刺激によって政治的に少数派である自民党派の会社員の党派 ID 強度は不安定になるが，政治的に多数派である民主党派の会社員の党派 ID 強度は逆に安定する。2. 政治的に多数派である民主党派は仮説どおり，ID 刺激によって投票参加確率を上昇させ，政治的に少数派である自民党派は投票参加確率を下げる。3. 無党派層の会社員は，自分たちが少数派であると認知すると大幅に投票参加確率が上昇する。社会集団としての無党派層は，自民党派や民主党派よりも明らかに多数を占めていることから，無党派層に対する実験の効果も仮説に沿ったものであるといえる。

これらの結果から，有権者は集団への帰属意識を活性化させることによって投票に積極的に参加するようになるが，その集団への帰属意識が活性化するかどうかは，その集団が政治的に多数派であるかどうかが少なくともひとつの鍵となっていることが示唆されている。有権者が属する集団を取り巻く社会的状況がもたらす，その集団に対する有権者の帰属意識の活性化は，「集団への所属」と「投票参加」とをつなぐ動員に代わるメカニズムの有力な候補であると考えられる。

6.5. 実験2：学習によってもたらされる政治的態度

本節では，自らの政治行動とその結果との相互作用が，民主主義システムに対する市民の態度に与える影響を検討する。具体的には，政治的な選択を繰り返すことで学習していくと考えられる市民が，その繰り返しの過程で経験する「勝敗」によって，どのように政治的態度を変化させるのかを実験データ[16]の分析によって明らかにする。

第4章の図4－1で示した通り，強化学習モデルにおいて選挙での勝敗は，次回の投票（あるいは棄権）確率に大きな影響を及ぼす。また，前節の分析でも選挙において自分が政治的に多数派に位置づけられるのか，それとも少数派に位置づけられるのかによって，その後の政治行動が異なることを示した。本章第2の実験の目的は，市民の選択とその結果である選挙結果との相互作用が，システムサポートや民主主義への満足度といった代表的な市民の政治的態度に及ぼす効果を分析し，第3章

---

[16] 本節で示す実験は，2011年1月に河野勝，村上剛と筆者によって，多数派の形成メカニズムの解明を目的として実施されたものである。本書の執筆にあたり，実験データの使用を許可してくださったことに謝意を表する。また，実験は，文部科学省科学研究費補助金（特定領域研究「政治制度の選択と機能分析・19046001」研究代表　肥前洋一）の補助を受けて実施された。実験のデザインの詳細や主な結果については，荒井・村上・河野(2011)，Murakami, Arai, and Kohno (2011), Murakami, Arai, and Kohno (2012) を参照されたい。

でも指摘した「行動」が「態度」に与える影響を検討することによって，強化学習をおこなう市民が政治的態度を形成するメカニズムの一端を明らかにすることにある。

　これまでに本書では，第4章のシミュレーションにおいて，市民の「若い」頃に支持政党の勝利を経験することが，その後の投票確率を上げることを示し，第5章の実証分析において，過去の政治参加に対して具体的な効果を感じた市民ほど，その後の政治的活動にも参加しやすくなることを示してきた。市民が，「行動」→「帰結」→「満足水準との比較」→「次の行動」というサイクルを経験しながら学習していくのであれば，彼らの政治的態度も経験によって変容していくことが予想される。より具体的にいえば，選挙で勝利した市民は，民主主義的な政治システムに対する信頼や満足度が高くなり，選挙で敗北した市民の政治システムに対する信頼や満足度は低くなることが予測できるだろう。このことが結果的に，強化学習のサイクルによって習慣的投票者となった市民のシステムサポートや民主主義に対する満足度が高く，習慣的棄権者となった市民のそれらは低いという状態を生み出していると考えられるのである。

　上述した予測を検証するための方法としては，実験によって仮想の選挙をおこなうことが適していると考えられる。もちろん，パネル世論調査データを用いて，現実の選挙での勝敗が同一回答者の政治的態度にどのような変化をもたらしたのかということを分析することもできるが，政治的態度の変化には他にも様々な要因が考えられる上に，現実の選挙における勝敗のパターンは非常に限られてしまい，回答者の党派性やイデオロギー位置などを統制することが難しい[17]。その点，実験であれば勝敗を無作為に割り当てることができるので，選挙に勝った回答者と負けた回答者とでは，勝敗以外の要素について確率的には同質であると考えることができる。次節では，筆者らの研究グループが実施した実験の概要について説明する。

17　例えば，少数野党を支持する有権者が現実の選挙で「勝利」するケースはほとんどなく，分析は非常に難しいだろう。

6.6. 実験2のデザイン

　実験の手順は以下のとおりである。1. 回答者に対して性別や年齢といった属性や政治関心，保革イデオロギー位置，政治的有効性感覚といった学術世論調査で一般的に尋ねられている質問に加えて，日本における移民に対する態度を尋ねる。2. 政権与党の次のリーダーを選ぶ投票がおこなわれているという仮想の状況を設定し，2人の候補者（候補者Aと候補者B）の政策の違いとこれまでの情勢に関する情報を回答者に示す。その際，情勢に関する情報については，回答者を無作為に12のグループに割り当てて，それぞれ異なる情報を与える（表6-3，図6-3[18]）。3. 回答者に対して，「いま，あなたがこの党の国会議員で，現在の時点でどちらかの候補への支持を決めるとしたら，どちらを選びますか」と尋ねる。4. 無作為に勝敗を割り当てた上で，回答者に党首選挙の結果を表示する。5. すべての回答者を対象に，割り当てられた選挙結

表6-3　実験群一覧

No.	投票日までの残り日数	現時点での支持の状況（A対B）	これまでの推移	回答者数	％
1	7日前	5対5	拮抗	252	7.8
2	7日前	5対5	B追い上げ	273	8.4
3	7日前	7対3	A安定	252	7.8
4	7日前	7対3	B追い上げ	267	8.2
5	7日前	7対3	A逆転	285	8.8
6	7日前	統制群		268	8.3
7	3日前	5対5	拮抗	276	8.5
8	3日前	5対5	B追い上げ	288	8.9
9	3日前	7対3	A安定	288	8.9
10	3日前	7対3	B追い上げ	279	8.6
11	3日前	7対3	A逆転	253	7.8
12	3日前	統制群		261	8.1
		合計		3,242	100

18　12グループのうち，2グループは投票日までの残り日数のみを示し，グラフで示される他の国会議員の動向に関する情報は与えていない。

果に対して納得しているかどうかを尋ねた後，システムサポートと日本の民主主義のあり方に対する満足度を尋ねる。回答者のサンプリングに関する情報や質問文，記述統計については，補遺に記載した。

この実験では，仮想の党首選挙におけるこれまでの情勢と最終的な選挙結果の両方を無作為に割り当てている。いいかえれば，回答者が選択する前の段階において自分が多数派に属しているのか，それとも少数派

図6－3　無作為に割り当てた党首選挙の情勢に関する情報

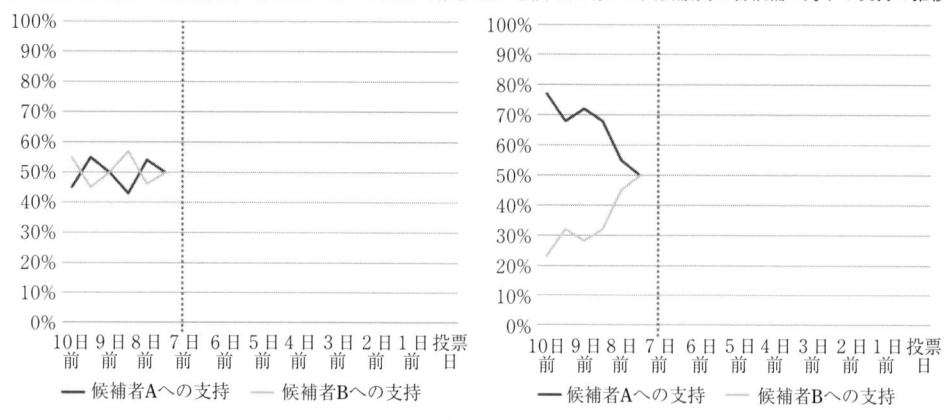

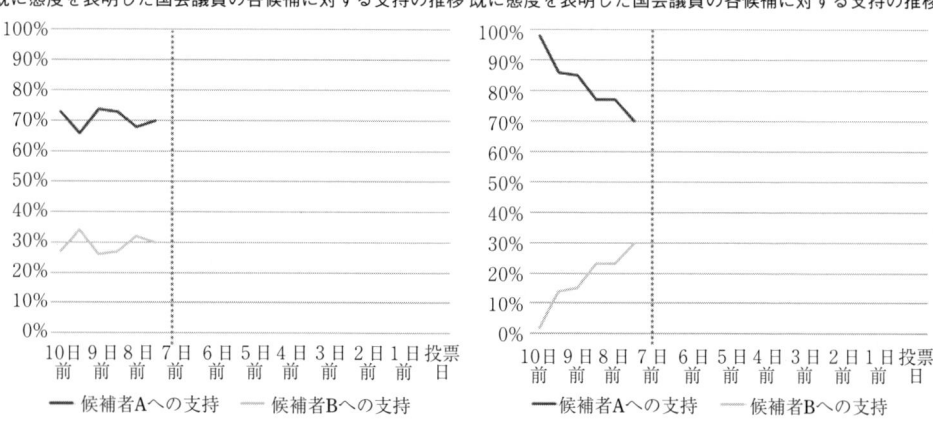

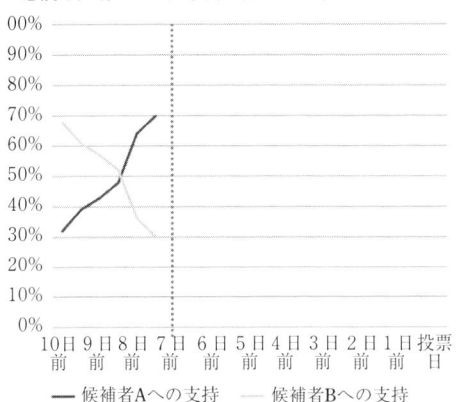

第6章　学習が生み出すもの　127

に態度を表明した国会議員の各候補に対する支持の推移　　既に態度を表明した国会議員の各候補に対する支持の推移

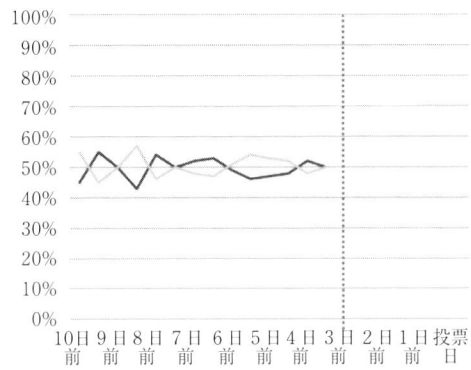

── 候補者Aへの支持　　── 候補者Bへの支持

に態度を表明した国会議員の各候補に対する支持の推移 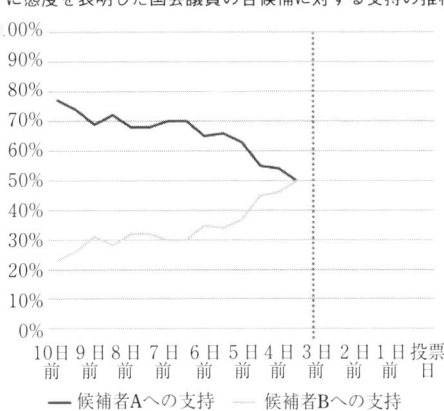　　既に態度を表明した国会議員の各候補に対する支持の推移

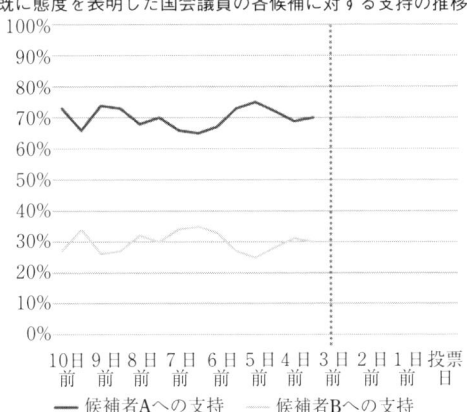

── 候補者Aへの支持　　── 候補者Bへの支持

に態度を表明した国会議員の各候補に対する支持の推移 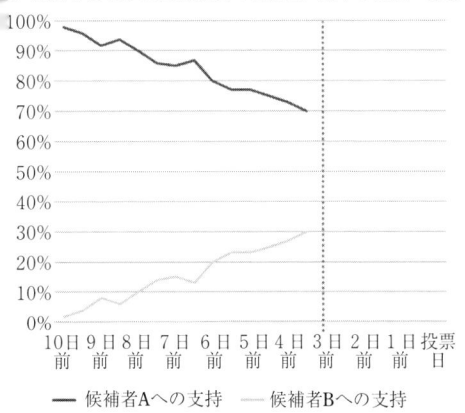　　既に態度を表明した国会議員の各候補に対する支持の推移

── 候補者Aへの支持　　── 候補者Bへの支持

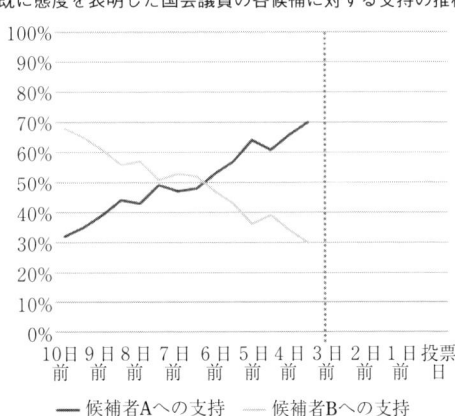

に属しているのかという情報と，最終的に自分が多数派になったのか，それとも少数派になったのかという情報とが，それぞれ独立して与えられているということになる。また，最終的な勝敗が無作為に割り当てられているため，回答者の選択と勝敗との関係も独立している。この操作によって，回答者の選択と選挙結果との相互作用が，回答者の政治的態度に及ぼす効果を測定することができるのである。加えて，仮想の党首選挙に関する情報を与える前に尋ねていた政策選好に関する質問を用いることで，各回答者が元々有していた政策選好に沿って候補者を選択したのか，それとも実験者から与えられた選挙情勢に関する情報にもとづいて候補者を選択したのかを峻別することができる。そこで次節では，回答者の選択パターンと与えられた情報との組み合わせごとに，彼らの政治的態度を測定した結果を示し，「行動」と「態度」との関係について検討する。

6.7. 実験2の結果

それでは，実験の結果について説明していこう。まず，図6-4は，選挙結果について回答者がどの程度納得しているのかを選挙結果，回答者の選択，そして実験条件別に表したものである。この質問への回答は，値が小さいほど選挙結果について回答者が納得していることを意味している。したがって，図からまずいえることは，最終的に選挙に勝った候補者に投票した回答者と，敗北した候補者に投票した回答者とでは，前者の方が圧倒的に選挙結果について納得しているということである。選挙での最終的な勝敗がもたらす納得の程度の差は，それまでの選挙情勢や回答者が事前に測定した政策選好に沿って投票したかどうかによってもたらされる納得の程度の差よりもはるかに大きいことがわかる。

次に，回答者が政策選好に沿って候補者を選択したか，それとも選挙情勢について与えられた情報にもとづいて候補者を選択したのかという投票パターンの違いが，選挙結果に対する納得の程度に与える効果について検討する。事前に測定された回答者自身の政策選好とは異なる政策

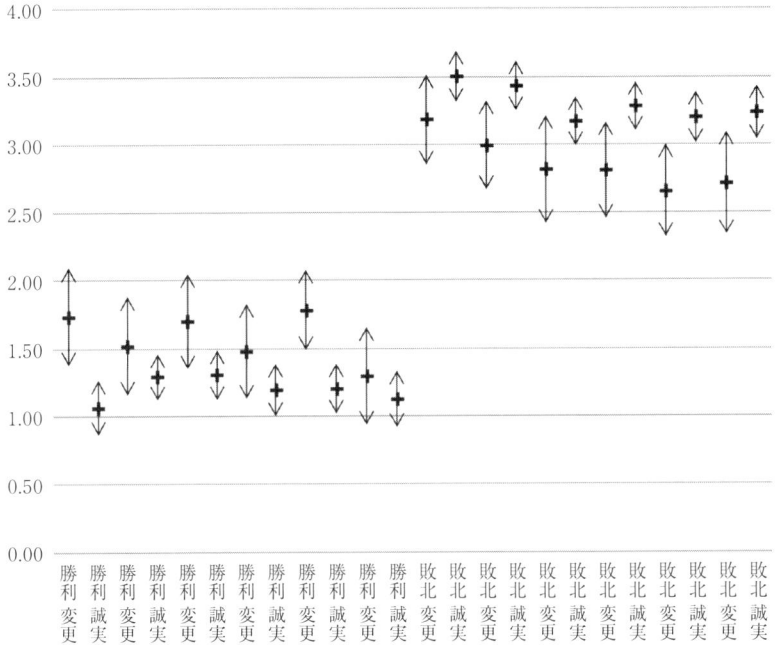

第 6 章　学習が生み出すもの　129

図 6 − 4　選挙結果・回答者選択・実験条件別にみた選挙結果に対する納得度[19]

| 勝利 変更 7対3 A逆転 | 勝利 誠実 7対3 A逆転 | 勝利 変更 5対5 B追い上げ | 勝利 誠実 5対5 B追い上げ | 勝利 変更 7対3 B追い上げ | 勝利 誠実 7対3 B追い上げ | 勝利 変更 5対5 安定 | 勝利 誠実 5対5 安定 | 勝利 変更 7対3 安定 | 勝利 誠実 7対3 安定 | 勝利 変更 統制群 | 勝利 誠実 統制群 | 敗北 変更 7対3 A逆転 | 敗北 誠実 7対3 A逆転 | 敗北 変更 5対5 B追い上げ | 敗北 誠実 5対5 B追い上げ | 敗北 変更 7対3 B追い上げ | 敗北 誠実 7対3 B追い上げ | 敗北 変更 5対5 安定 | 敗北 誠実 5対5 安定 | 敗北 変更 7対3 安定 | 敗北 誠実 7対3 安定 | 敗北 変更 統制群 | 敗北 誠実 統制群 |

縦軸：選挙結果に対する納得の程度（1 ＝納得できる～ 4 ＝納得できない）
横軸：選挙結果×回答者の選択×実験条件
回答者の選択：「変更」とは事前に尋ねた回答者自身の政策選好とは異なる政策を掲げる候補者に投票したことを指し，「誠実」とは事前に尋ねた選好と同じ政策をかかげる候補者に投票したことを指す。
図中の矢印：信頼区間

---

[19] 質問文「あなたは，選挙結果についてどう思いますか」選択肢「1. 納得できる結果である」「2. どちらかといえば，納得できる結果である」「3. どちらかといえば，納得できない結果である」「4. 納得できない結果である」

を掲げている候補者に投票するということは，実験者によって与えられたこれまでの選挙情勢に関する情報にもとづいて，そのときの多数派にしたがったということを意味している。図の横軸に記載されている「変更」は，そのように与えられた実験条件にもとづいて勝ち馬に乗ろうとした回答者群を表しており，「誠実」は与えられた実験条件，つまり，選

表6－4　投票パターンとシステムサポート（政党）

	賛成	どちらかといえば賛成	どちらかといえば反対	反対	合計
選好通りに投票して勝利	78	320	219	78	695
	11.2	46.0	31.5	11.2	100.0
選好とは異なる候補に投票して勝利	13	109	58	25	205
	6.3	53.2	28.3	12.2	100.0
選好通りに投票して敗北	64	291	232	117	704
	9.1	41.3	33.0	16.6	100.0
選好とは異なる候補に投票して敗北	12	88	82	20	202
	5.9	43.6	40.6	9.9	100.0
Total	167	808	591	240	1,806
	9.3	44.7	32.7	13.3	100.0

Pearson chi2(9) = 28.0348　Pr = 0.001

個別の検定（有意な組み合わせのみ掲載）

	賛成	どちらかといえば賛成	どちらかといえば反対	反対	合計
選好通りに投票して勝利	78	320	219	78	695
	11.2	46.0	31.5	11.2	100.0
選好通りに投票して敗北	64	291	232	117	704
	9.1	41.3	33.0	16.6	100.0

Fisher's exact = 0.012

	賛成	どちらかといえば賛成	どちらかといえば反対	反対	合計
選好とは異なる候補に投票して勝利	13	109	58	25	205
	6.3	53.2	28.3	12.2	100.0
選好とは異なる候補に投票して敗北	12	88	82	20	202
	5.9	43.6	40.6	9.9	100.0

Fisher's exact = 0.073

	賛成	どちらかといえば賛成	どちらかといえば反対	反対	合計
選好通りに投票して敗北	64	291	232	117	704
	9.1	41.3	33.0	16.6	100.0
選好とは異なる候補に投票して敗北	12	88	82	20	202
	5.9	43.6	40.6	9.9	100.0

Fisher's exact = 0.023

択時点で自分が多数派に位置づけられるのか，それとも少数派に位置づけられるのかに関係なく，自身の政策選好と一致する候補者に投票した回答者群を表している。横軸の項目は，各実験条件ごとに「変更」と「誠実」がペアとなって配置されている。例えば，一番左側に配置されているグループは，「勝利　変更　7対3　A逆転」となっており，その1つ右側のグループは，「勝利　誠実　7対3　A逆転」で，回答者の選択パターンだけが異なっている。それぞれのペアを比較することによって，回答者の選択パターンによる納得度の差をみることができるようになっている。

　この図から，最終的に選挙に勝ったグループでは，元々有している政策選好と一致した候補者に投票した回答者群の方が，多数派に乗ろうとして選好とは異なる候補者に投票した回答者群よりも一貫して納得度が高いことがわかる。一方で，選挙に負けたグループでは，多数派に乗ろうとして選好とは異なる候補者に投票した回答者群の方が，政策選好どおりに投票した回答者群よりも一貫して納得度が高い。納得度が高い順に並べると，1．政策選好どおりに投票して勝利した回答者，2．多数派に乗ろうとして政策選好とは異なる候補に投票して勝利した回答者，3．多数派に乗ろうとして政策選好とは異なる候補に投票して敗北した回答者，4．政策選好どおりに投票して敗北した回答者，ということになる。

　では，次に回答者の投票パターンとシステムサポートとの関係について検討していく。表6－4と表6－5は，投票パターンと実験後に尋ねたシステムサポート[20]との関係を示したものである。どちらも，「賛成」と答えた割合がもっとも高かったのは政策選好どおりに投票して勝利した回答者で，「反対」と答えた割合がもっとも高かったのは，選好どおり

20　質問文「以下にあげる政治に関する意見について，あなたはどのようにお感じになりますか。賛成でしょうか，反対でしょうか」意見文「政党があるからこそ，国民の声が政治に反映されるようになる」「選挙があるからこそ，国民の声が政治に反映されるようになる」選択肢「1．賛成」「2．どちらかといえば賛成」「3．どちらかといえば反対」「4．反対」

表6-5 投票パターンとシステムサポート（選挙）

	賛成	どちらかといえば賛成	どちらかといえば反対	反対	合計
選好通りに投票して勝利	385	395	30	6	816
	47.2	48.4	3.7	0.7	100.0
選好とは異なる候補に投票して勝利	102	117	9	3	231
	44.2	50.7	3.9	1.3	100.0
選好通りに投票して敗北	358	380	37	20	795
	45.0	47.8	4.7	2.5	100.0
選好とは異なる候補に投票して敗北	102	104	14	1	221
	46.2	47.1	6.3	0.5	100.0
Total	947	996	90	30	2,063
	45.9	48.3	4.4	1.5	100.0

Pearson chi2(9) = 14.7013 Pr = 0.099

個別の検定（有意な組み合わせのみ掲載）

	賛成	どちらかといえば賛成	どちらかといえば反対	反対	合計
選好通りに投票して勝利	385	395	30	6	816
	47.2	48.4	3.7	0.7	100.0
選好通りに投票して敗北	358	380	37	20	795
	45.0	47.8	4.7	2.5	100.0

Fisher's exact = 0.024

に投票して敗北した回答者であった。このことは，事前の予測どおり選挙で勝利した回答者のシステムサポートが高まり，敗北した回答者のシステムサポートは低下したことを意味している。また，選好とは異なる候補者に投票した回答者は，選好どおりに投票した回答者よりも「どちらかといえば賛成」あるいは「どちらかといえば反対」と答える傾向があり，はっきりと賛否を表明しない回答者が多かった。

最後に，回答者の投票パターンと民主主義システムへの満足度との関係をみていく。表6-6は，投票パターンと実験後に尋ねた日本の民主主義についての満足度[21]との関係を表したものである。この表から，もっとも満足度が低くなっているグループは，やはり選好どおり投票して

---

21 質問文「あなたは，日本の民主主義のあり方にどの程度満足していますか」選択肢「1. 満足している」「2. ある程度満足している」「3. やや不満である」「4. 不満である」

表6－6　投票パターンと民主主義に対する満足度

	満足	ある程度満足	やや不満	不満	合計
選好通りに投票して	17	291	318	178	804
勝利	2.1	36.2	39.6	22.1	100.0
選好とは異なる候補	7	80	93	52	232
に投票して勝利	3.0	34.5	40.1	22.4	100.0
選好通りに投票して	15	231	353	211	810
敗北	1.9	28.5	43.6	26.1	100.0
選好とは異なる候補	5	82	82	52	221
に投票して敗北	2.3	37.1	37.1	23.5	100.0
Total	44	684	846	493	2,067
	2.1	33.1	40.9	23.9	100.0

Pearson chi2(9) = 15.2730　Pr = 0.084

個別の検定（有意な組み合わせのみ掲載）

	満足	ある程度満足	やや不満	不満	合計
選好通りに投票して	17	291	318	178	804
勝利	2.1	36.2	39.6	22.1	100.0
選好通りに投票して	15	231	353	211	810
敗北	1.9	28.5	43.6	26.1	100.0

Fisher's exact = 0.009

	満足	ある程度満足	やや不満	不満	合計
選好通りに投票して	15	231	353	211	810
敗北	1.9	28.5	43.6	26.1	100.0
選好とは異なる候補	5	82	82	52	221
に投票して敗北	2.3	37.1	37.1	23.5	100.0

Fisher's exact = 0.088

敗北した回答者だということがわかる。他の3グループの回答分布には有意な違いは見られなかったものの，敗北すると満足度が下がるという点については，納得度やシステムサポートの分析結果と整合的であるといえよう。

　実験2の結果を整理する。まず，回答者が選挙情勢に関する情報を与えられると，自身の政策選好と一致した候補者を最終的な投票先として選ぶ者と，与えられた情報にもとづいて多数派に乗ろうとして，事前に測定された政策選好とは異なる候補者に投票する者とに分かれた。次に，選挙で勝利した候補者に投票した回答者は，敗北した候補者に投票した回答者に比べて，当該選挙における納得度だけにとどまらず，システムサポートや民主主義システムへの満足度といったより一般的な政治的態度も高くなる傾向がある。特に，自身の政策選好と一致する候補者に投

票した回答者が選挙で負けたときは，そのような政治的態度の低下が著しい。最後に，自身の政策選好どおりに行動した回答者は，多数派に乗ろうとした回答者と比べると，選挙後の政治的態度がよりはっきりする傾向にあった。つまり，選好どおりに投票して勝利した回答者は，システムサポートや民主主義システムへの満足度を高める一方で，選好どおりに投票して敗北した回答者は，システムサポートや民主主義への満足度を大きく低下させてしまうのである。

6.8. まとめ

本章では，強化学習のサイクルが市民の政治的態度に与える影響について，2つの実験結果から検討してきた。帰属意識と政治参加との関係を探る1つ目の実験では，市民が社会集団に対する帰属意識によって導かれる行動と政治集団に対する帰属意識によって導かれる行動とが矛盾する状況に置かれると，彼らが政治的に多数派であれば，政治集団に対する帰属意識にしたがって政治行動を選択し，政治的に少数派であれば，社会集団に対する帰属意識にしたがって政治行動を選択することが示された。また，市民の「行動」と「帰結」が「態度」に与える影響を分析した2つ目の実験では，選挙での勝利，すなわち自身が多数派に属することがわかると，市民の民主主義的な政治システムに対する支持や満足度が高くなり，選挙において敗北すると現状の政治システムに対して不満を感じるようになることが明らかになった。しかも，そうした態度の変化が大きいのは多数派に乗ろうとする市民ではなく，自身の政策選好どおりの行動を選択した市民であった。

　選挙に負けることで自分が政治的に少数派であることを認識した市民は，その後の選挙にも棄権する傾向があるという，1つ目の実験結果から得られた知見と組み合わせて考えると，選挙時に多数派に乗ろうとするような選択をおこなう市民よりも，自身の政策選好にしたがって選択をおこなう市民の方が，習慣的棄権者になる可能性が高いことが示唆される。もちろん，このような行動傾向をもつ市民が選挙に参加し，投票

した候補者や政党が勝利すれば，彼らは習慣的投票者になる可能性が高い。一方で，自分の政策選好よりも多数派に乗ることを優先する市民の多くは，第3章・第4章で取りあげた選挙の度に投票したり棄権したりを繰り返す「気まぐれな投票者（Casual Voter)」となることが考えられるのである。

第7章 結論

　本書の目的は，強化学習という既存の政治参加研究の問題点を克服しうる新たなメカニズムを採用することによって，より一般性の高い政治参加モデルを構築し，その妥当性を実証的に確認することにあった。強化学習や第6章で取りあげた社会的アイデンティティは，どちらも人間が進化の過程で獲得してきた性質であり，当然，政治行動以外の人間の行動にも応用できるメカニズムである。また本書では，投票と投票以外の政治的活動とを同じモデルで説明することも試みた。これまでの分析結果から，政治的活動に参加したりあるいは棄権したりすることを繰り返していくことで，自らの行動パターンを確立させて次第に習慣的な参加者や棄権者になっていくという，これまでの政治参加モデルよりも動態的な市民の姿を示すことができたと考えられる。

　市民の政治参加をめぐっては，より多くの市民がより広い範囲で政治過程に参加していくべきであるという参加民主主義理論と，市民による過剰な政治参加は抑制されるべきであるというエリート民主主義理論との間で極めて重要な論争が繰り広げられてきた（蒲島，1988：21；三船，

2008：23-25）。参加民主主義理論では，政治的活動への参加が人々にもたらす教育的機能が主張される（三船，2008：34）。つまり，市民は政治的活動への参加を通じて教育されることで，民主主義に必要な態度や資質を獲得していくため，参加の範囲が拡大されて多くの人々が政治的決定に携わることで，最終的に政治が上手く機能していくと考えられてきた（蒲島，1988；中谷，2005；Shingles, 1981; Putnam, 1993; Verba et al., 1995）。一方，エリート民主主義理論では，市民の多くは政治に対して無知，無関心であり，そのような市民が「過剰」に政治過程に参加することによって，政治が不安定化して秩序が崩壊してしまうとし，政治過程におけるエリートの役割を強調してきた（三船，2008：23）。

これら2つの理論をめぐる対立は，現時点でも決着がついていないように見受けられる[1]。しかしながら本書では，このような政治参加をめぐる規範的な議論については，あえて全く触れてこなかった。それは，参加民主主義理論が正しいのか，それともエリート民主主義理論が正しいのかという規範的な議論をおこなう前に，まず，「どのような市民が，どのような状況の下で政治的活動に参加するのか」という問いに対して，できるだけ科学的な答えを探求することが優先されるべきであると考えたからである。そして，この問いに答えるということは，単に政治的アクターとしての市民の行動原理を説明することにとどまらず，民主主義の下で，政治過程に様々な要求が入力されていく動態を明らかにするということを意味している。本研究によって得られた新たな知見が，どのような答えを導き出したのかについて，以下に整理していく。

7.1. 本研究によって明らかになった知見

まず，第2章では政治参加を定義するとともに，様々な政治的活動への参加率やそのような活動に対する市民の態度について，1970年代から

---

[1] 三船（2008）は，これら対立する2つの理論の展開について，近年の研究動向もふまえて詳細に整理している。

現在に至る約30年分のデータを用いて分析をおこなった。この間，日本の政治情勢は，選挙制度の変更や政権交代，政党再編などを経て大きく様変わりし，また，バブル経済とその崩壊，その後10年に及ぶ不況など，市民を取り巻く経済情勢も大きく変化した。しかしながら，各政治的活動への参加率や参加志向率，被動員率などの政治参加に関する市民の行動パターンや意識の分布は，70年代から現在にかけて安定しており，参加に至るメカニズムは変化していない可能性が高いということがわかった。このことは，市民の政治参加メカニズムがそのときの政治論争や政治経済の情勢といった文脈とは独立して存在しているということを示唆している。また，項目反応理論を用いた分析では，日本では投票率とそれ以外の活動参加経験率との間に大きな差があり，選挙での投票は他の活動と比べて突出して難易度が低いことが明らかになったものの，少なくとも本書で取り上げた様々な政治参加は1次元的に捉えられることが確認された。

　次に，第3章では政治参加を説明するこれまでの理論やモデルについて，社会学，心理学，そして経済学という3つのアプローチごとにその特徴と問題点を整理し，政治的活動に参加するかどうかを選択しようとする市民が，社会的ジレンマに直面していることを指摘した。そして，強化学習というメカニズムを採用した新たなモデルを構築することで，政治参加の実証研究が抱えてきた様々な問題を乗り越えられる可能性があることを示した。第1章でも述べたように，人間は社会的ジレンマ状況の下におかれても，実際には協力行動を選択することが多い。つまり，強化学習は政治参加だけにとどまらず，社会における人間のより一般的な行動に関するアノマリーを解明しうるメカニズムであることが示唆されたのである。

　そして第4章では，市民が強化学習によって投票をおこなうモデルを構築し，シミュレーションによってエージェントである市民の学習過程を検討した。シミュレーションの結果，本モデルにおける市民は，投票コストがある程度高くても投票し，市民の若い時期（選挙権を得た最初の選挙）での投票経験と支持政党の連勝が，その後の参加に大きな影響

を与えている可能性があることが示され，これはPlutzer (2002)などこれまでの実証研究における知見と一致することもわかった。強化学習による参加モデルは，世代間の投票率の違いを説明する可能性のあるものである。選挙権を得た初めての選挙での市民の行動が，その後の参加行動に極めて重要な影響を及ぼしているという知見は，政策的な見地から見れば，選挙の啓発または教育活動などを若年層に重点的におこなうことで高い効果を上げられる可能性を示唆している。また，候補者や政党などの政治エリート側の戦略としても，市民の若い時期に肯定的な評価を得ることが，その後の安定的な支持基盤の形成につながるということを意味している。

　また，第4章では，ライカーらの投票参加モデルとの予測力の比較もおこなった。比較の結果，強化学習にもとづく参加モデルの方がより高い精度で実際の投票行動を予測できることが示された。この結果は，これまでの投票参加・投票行動研究のみならず，政党間競争や選挙研究にも再考を迫るものである。なぜならば，ライカーらのモデルは期待効用理論にもとづくモデルであり，政党間競争モデルなどで前提とされるダウンズの中位投票者理論もまた，市民が自らの効用を最大化させるという期待効用理論に基づいているからである。トゥベルスキー，カーネマンによるプロスペクト理論など，近年行動経済学や実験経済学において，期待効用理論に代わる人間の行動原理を構築しようとする研究が進んでいるが，非金銭的なインセンティブの存在を考慮せざるを得ない政治学においては，より積極的に新たな人間の行動メカニズムを模索する必要があると考えられる。

　第5章では，シミュレーションによって得られた理論的予測を基に，投票以外の政治活動への参加が強化学習によっておこなわれている可能性を検証した。分析では市民の政治的活動への参加経験とその活動に対する評価に着目し，これらの要素が市民のその後の活動に及ぼす影響を推定した。分析の結果，市民による政治参加は異なる2つのメカニズムによってなされていることが示された。すなわち，参加経験の全くない市民は，参加を依頼されることではじめてその政治的活動に対して有し

ていた拒否感を低下させ，その活動に参加していく。しかしながら，その経験が市民にとって満足できるものでなければ，その後動員を受けたとしても，継続的に参加することはない。一方で，既に政治的活動に参加した経験を有している市民は，自らの経験に対する評価をもとに次回の行動を決定していくことが示された。加えて，ほとんどの市民が参加経験を有する投票参加に対し，動員が効果をもたらさなかったことを示し，想定したメカニズムが投票参加にも当てはまる可能性が高いことが示唆された。つまり，投票・投票外という活動の種類を問わず，動員の効果は参加経験のない市民に限定されるということも明らかになり，「集団，組織への加入」によって「その組織から動員」される結果，「政治的活動に参加」するという，これまでの政治参加研究で多く主張されてきた構図が否定されることになったのである。

そこで第6章では，個人の属する社会集団と政治参加との関係について，個人が有する集団への帰属意識に着目し，動員に代わる個人と社会集団とをつなぐメカニズムを実験によって検証した。実験の結果，社会集団への帰属意識の活性化が市民の投票参加を促進させることが明らかになった。そして，その集団への帰属意識が活性化するかどうかは，その集団をとりまく社会の状況に左右されるということが示唆された。実験では，帰属意識を活性化させるために市民が有している複数の帰属意識を同時に意識させた上で，市民に葛藤を引き起こさせるという手法をとったが，現実の社会では，このような葛藤以外にも帰属意識を活性化させる要素は多くあると考えられる。今後，帰属意識の活性化をもたらす要素を明らかにすることによって，「集団への所属」が「政治参加」を促進させるメカニズムをより詳細に解明することにつながると考えられる。

また，市民自身の行動とその帰結である選挙結果が，その後の市民の政治的態度に与える影響を測定した実験では，選挙での勝利を経験すると彼らの政治システムに対する支持や満足度が高くなり，選挙において敗北すると現状の政治システムに対して不満を感じるようになることが明らかになった。そして，自身の政策選好どおりの行動を選択した市民

の方が，多数派に乗ろうとして政策選好とは異なる候補者に投票した市民よりも，これらの態度の変化が大きいことが示された。こうした実験結果から，自身の政策選好にしたがって選択をおこなう市民は，特に彼らの若い時期に選挙での勝利を経験すれば習慣的投票者になる可能性が高いが，若い時期に選挙での敗北を経験すると習慣的棄権者になる可能性が高く，一方で，自分の政策選好よりも多数派に乗ることを優先する市民の多くは，選挙の度に投票したり棄権したりを繰り返す「気まぐれな投票者（Casual Voter）」となることが示唆されたのである。

7.2. 学習する市民

さきほど取りあげた参加民主主義理論とエリート民主主義理論との間には，それぞれの理論で想定される市民像にも大きな違いが存在する。エリート民主主義理論で想定されている市民は，政治に無関心で，知識もなく，自律的な意思決定能力に乏しい存在として描かれることが多いのに対して，参加民主主義理論においては，市民の政治的無関心はあくまでも複雑な政治システムが生み出す（懸念すべき）結果であって，政治参加の機会を広げていくことによって，そのような市民が「教育」されていき，政治システムの安定に寄与する主体となっていくことを強調する（蒲島，1988：40-41）。この違いがあるからこそ，2つの理論が「大衆」と「市民」とを明確に区別して論じているわけである（三船，2008：23）。

さて，本書のこれまでの分析結果から浮かび上がる市民像は，どちらに近いものだろうか。表7-1は，本書の分析で明らかになった市民の特徴をまとめたものである。彼らの行動とその帰結から形成される行動習慣や政治的態度は，次にあげる3つのパターンに分類することができる。まず，自身の政策選好どおりに行動する市民が選挙での勝利を経験していくと，彼らの党派に対する帰属意識が高まるとともに，民主主義的な政治システムに対する満足度が上がり，習慣的に政治的活動に参加するようになる。こうしたプロセスは，まさに参加民主主義理論が想定

表7-1　分析結果のまとめ

行動	（特に若い頃の）選挙結果	形成される行動習慣	形成される政治的態度
政策選好どおりに行動	勝利	習慣的参加者	党派に対する帰属意識が高まり，政治システムに対する満足度が上がる
政策選好どおりに行動	敗北	習慣的棄権者	党派に対する帰属意識が低下し，政治システムに対する満足度が下がる
勝ち馬に乗ろうとして行動	勝利 or 敗北	「気まぐれな」参加者	政策選好どおりに投票する市民に比べて変動は少ない

している市民の「教育」に他ならないといえる。しかしながら，同じように自身の政策選好どおりに行動しても，若い頃に選挙での勝利を経験できない市民は習慣的棄権者となり，党派に対する帰属意識や民主主義システムへの満足度などが下がってしまうのである。最後に，勝ち馬に乗ろうとして自分の政策選好とは異なる行動を選択した市民については，政治的態度に大きな変化はなく，特定の行動が習慣化されることもない[2]。彼らは，エリート民主主義理論が想定している「大衆」に近いといえよう。つまり，強化学習のメカニズムは，「市民」も「大衆」も生み出しうるのである。

　ある市民が，政策選好どおりに行動して選挙での勝利を経験することができたということは，その市民が，少なくとも選挙時点において多数派と同じ政策選好を有していたということを意味している。このことから，習慣的に政治的活動に参加する市民は，彼らの若い頃に有していた政策選好がその時点でその地域における多数派と一致していたか，少なくとも一定の支持を得ていたということが予想される。いいかえれば，地域や時代による政治参加の頻度や形態の違いは，地域や時代という異なる文脈から市民が学習した結果であることが示唆されるのである。

　2　第4章のシミュレーションでは，支持政党が固定されている有権者のみを対象としてモデルを構築した。多くの有権者が習慣的投票者・棄権者となり，「気まぐれな」投票者はほとんど生まれなかったというシミュレーション結果は，勝ち馬に乗ろうとする有権者ほど「気まぐれな」投票者になる可能性が高いという第6章の分析結果とも整合的といえるだろう。

7.3. 今後の課題

本書では，コンピュータによるシミュレーション，統計解析，そして実験と社会科学の様々な分析手法を用いて市民の行動メカニズムを明らかにしようとしてきた。数理モデルによるモデリングとシミュレーション，及び傾向スコアや実験といった政治学では比較的新たな実証手法の活用は，これまで帰納的な分析が多かった政治行動論に対して，より厳密でかつ実証可能なモデルの構築の可能性を高めるものである。本研究はこのような新たな行動論の構築に貢献できると考えている。最後に，本研究で残された4つの課題についてまとめておきたい。

第1の課題として，本書で用いた全てのデータが日本の有権者を対象としたものである点が挙げられる。本書は，日本の政治過程の説明を目的としたものではなく，あくまでも市民による一般的な政治参加のメカニズムの検証を目的としている。分析によって得られた知見は，政党システムや選挙制度といった日本に固有な文脈に制約されるものではないと考えられるが，先ほど述べたとおり，異なる地域や時代におかれた市民がどのように学習していったのかを検討することで，政治参加の多様性を説明することができるだろう。具体的には，政治制度や多数派の情勢といった文脈とその文脈の中におかれた市民の強化学習との相互作用をモデル化することで，国家や時代による投票率の高低やデモの発生頻度の違いなどが検証できると考えられる。

第2の課題は，本書であつかってきた政治的活動の多くが選挙関連のものに限定されていることである。強化学習では，本人の満足水準と自身の行動の帰結によって得られた利得とを比較することが求められる。政治参加の帰結には当然様々なものが考えられるが，選挙結果はそれらの中で数少ない観察可能な帰結であった。もちろん，第2章で示した通り多くの政治的活動は1次元的に捉えることが可能であり，選挙以外の政治参加でも同じメカニズムで説明することができると考えられる。しかしながら，選挙の結果から得られる利得と，デモの結果から得られる

利得とでは当然異なるだろうし，また，満足水準もそれぞれの活動で異なることが予想される。今後，選挙以外の政治参加についても強化学習メカニズムが働いていることを検証することができれば，様々な政治的活動の中でなぜ特定の活動に参加し，他の活動には参加しないのかといった，市民の政治的選択についてより深い理解が得られるだろう。

本書に残された第3の課題は，第4章のシミュレーションモデルにおいて，無党派層の投票参加が分析から除外されている点である。モデルにおける市民は全員支持政党が固定されており，彼らの選択肢は支持政党への投票と棄権の2種類しかなく，逸脱投票はおこなわないと仮定していた。一方で第6章の実験では，選挙での勝敗によって，市民の党派アイデンティティの強度が変動することが示されている。今後，強化学習メカニズムによる政治参加とそれに連動して変化する党派アイデンティティをモデルに組み込むことによって，無党派層の投票参加や逸脱投票といったより幅広い市民の政治行動を説明することができると考えられる。

最後に挙げる第4の課題は，第3の課題とも関連している。本研究では，個人の参加メカニズムとして強化学習を，個人と社会との関係が及ぼす政治参加への影響については社会的アイデンティティに着目して分析をおこなってきた。しかしながら，実際の社会においてこれら2つの参加メカニズムは，相互作用していると考えられる。今回は，それぞれのメカニズムの存在を検証し，個々のメカニズムの強さを確認するためにそれぞれ分離して分析をおこなってきたが，今後の課題としては，この2つのメカニズムが社会においてどのような相互作用を引き起こしているのか，そのことが社会全体にどのような影響を与えているのかを検証する必要があると考えられる。複数のミクロのメカニズムが互いに影響を及ぼすことによって，マクロでは「創発（Emergence）」という予想外の変化が起きうることが，様々な分野において確認されてきているからである。上記2つの参加メカニズムが相互作用したときの民主主義システム全体の変動を探ることができれば，政治参加をめぐって対立する2つの規範理論に関する議論にも貢献しうるだろう。

第1章でも述べたとおり，日本では政治参加のメカニズム自体に着目した研究は多くない。しかしながら，「アラブの春」やギリシャ，スペインでの緊縮財政に対する大規模なデモなど，ここ数年で市民による政治参加が世界の政治，経済情勢に与えるインパクトが大きくなってきている。同時に，日本においても例えば原発に対するデモやパブリックコメント，あるいは討議世論調査など，表層的にはこれまでとは異なる政治参加のパターンが見受けられるようになった。このような社会情勢の中だからこそ，市民による政治参加を無批判に礼賛したり，あるいは政治を不安定化させる原因として拒否したりするのではなく，「誰が，どのように政治的活動をおこなうのか」という問いに対して科学的に答えようとすることが極めて重要になると考えられるのである。

補 遺

A. シミュレーションの種類と特徴

　ロバート・アクセルロッドの繰り返し囚人のジレンマゲームモデルやトマス・シェリングの分居モデルの登場以降，政治学において"シミュレーション"と呼ばれる分析手法が用いられることが多くなってきた(Axelrod, 1984; Shelling, 1978)。近年では，複雑なシミュレーションモデルを比較的簡単に表現できるコンピュータソフトが国内外で開発され，プログラミングはもちろん，数理モデルにさえあまり詳しくない研究者にもシミュレーションモデルが構築できるようになっている。しかしながら，これらのモデルやシミュレーションの使い方は研究者によって様々であり，何のためにシミュレーションを用いたのか，あるいはシミュレーションによって何が明らかになったのかがわからないような研究もある。ここでは，これまでのシミュレーション研究を分類するとともに，その特徴について述べることにする。
　山影（2007）では，シミュレーションを用いた分析の利点を次のよう

に挙げている。1. シミュレーションが特に役立つ場合は、モデルの数式が解析的に解けない場合であったり、解けたとしても複雑だったり、時間的変化を追うことでシステムの性質を知りたい場合である。2. 方程式一般を考えると、解が得られる方がむしろ例外的で、従来は、解けない方程式を解ける方程式（たとえば線型方程式）に近似させて処理してきた。この意味では、シミュレーションの方が汎用性はある。3. 社会システムには確率的な要素が含まれることが多いが、乱数を用いることによってそのような要素を扱うことができるのもシミュレーションの利点である。特定の確率分布を仮定し、期待値や分散を用いて、解析的に解ける数理モデルを作ることも可能だが、無理にそうするよりも、あるいは数理モデルの分析と平行して、シミュレーションをおこなうことは有効である（山影、2007：423-428）。政治学における応用例として、たとえば、Laver (2005) では、政党をエージェントとしてその進化と淘汰について分析している。このように、エージェントの進化のプロセスを動態的に分析するといった、観察データが存在しない上に、非常に長い時間を対象とする研究では、シミュレーションは効果的な分析手法であるといえる。

　また、本文中にも述べたが、これまでの数理モデルでは、個人の選択の結果をある種の「均衡状態」であると捉え、社会状況を何らかの均衡として分析することが多かった。しかしながら、これら従来の均衡分析では、均衡にいたるアテイナビリティ（attainability）が考慮されることはなく、どのようなプロセスを経てその均衡に至るのかを明らかにした研究は少なかった。そもそもこれらのモデルでは均衡にいたる時間軸は分析の射程外であり、本来モデルから予測できることは「いつか、ある時点で」均衡に至るということのみであるにもかかわらず、現実の政治状況そのものが既に均衡状態になっていると捉えていたのである。とりわけ、民主主義体制、特に先進諸国のそれを安定的な「均衡」として捉える研究は多く、（政治的に）発展途上の国が様々な要素によってより安定的な民主主義国家となっていくという民主化モデルは非常に多い。しかしながら、Epstein and Hammond (2002) のシミュレーションモデルの

ような非常に簡単なルールのゲームでさえ，大半の時間は「非均衡」状態なのである。複雑な社会における個人の振る舞いの結果としての政治状況などを「均衡」として捉えるのは現実的ではなく，不安的な非均衡な状態であると考えることによって，よりダイナミックな説明ができると考えられるのである。一方，シミュレーションをおこなうときに留意しなければならないこととしては，1. 変数間の相関関係はわからない，2. 予測を目的とするならば，できるだけ条件を現実に近づける必要があるが，説明を目的とするならばモデルを現実に近づけようとすると，複雑になることは避けられずメカニズムを把握するのが困難になる場合がある，という点が挙げられる (Gilbert and Troitzsch, 1999)。

アクセルロッドは，自然科学で用いられるシミュレーションと社会科学者がおこなうシミュレーションとの違いは，「予測」と「説明」の違いであると述べている (Axelrod, 1997)。目的が「予測」であれば，気候変動シミュレーターや風洞実験シミュレーションのように，可能な限りあらゆる要素を考慮したモデルを構築した方が正確な予測ができるが，どの要素がどの程度影響を及ぼしたのかという因果メカニズムは，特に理論の多くが確率論的である社会科学においてはわからなくなってしまうことが多い。一方，アクセルロッドらがおこなうシミュレーションの原則は "Keep it simple stupidly" (KISS) といわれる。このようなモデルでは現実の「予測」は正確にはできないが，その代わりにどの要素がどのように働いたかという「説明」はしやすくなる。社会科学においてシミュレーションを用いている研究者の多くが，シミュレーション（のモデル）とゲーム理論（で作られたモデル）を対比させることが多いのは，シミュレーションを実証の手法ではなく，理論構築の方法として捉えているからである。

現在，政治学におけるシミュレーションモデルが抱えているもっとも大きな問題点は，ゲーム理論によって構築されたモデルが抱える問題点と同じであり，すなわち，厳密な「実証」が困難であるということである。もちろんデータが揃いさえすれば，ゲーム理論によるモデルではわからない「プロセス」が逐一検証できる可能性があるものの，そのよう

な観察データを手に入れることは困難で，結局アグリゲートデータとシミュレーション「結果」との比較によってモデルを検証するという研究が多い (Laver, 2005; Fowler, 2007)。シミュレーションを用いてモデルの妥当性を実証するには，観察データをシミュレーションモデルに直接組み込む方法を用いるか，シミュレーションモデルを「再現」した観察データを手に入れて両者を比較することが必要である。

そのような手法を用いた数少ない研究例を挙げると，まず，前者の例としては，Macdonald, Rabinowitz and Listhaug (2007) がある。彼らは投票行動研究において主要な論点であった，近接性モデルと方向性モデルという争点投票における2つのモデルの説明力を比較するためにシミュレーションを用いている。シミュレーション研究では，パラメータの設定を特定の分布に従うようにしたり，研究者が恣意的に決めたりすることが多いのだが，この研究では実際の調査データを用いることによって，シミュレーションによって生成されたデータと調査データとを直接比較することを可能にし，生成されたデータと調査データとを同じ統計モデルで解析することによって，方向性モデルの方が近接性モデルよりも調査データに近いという結論を導いている。本稿でも，この手法を用いて2つの投票参加モデルの予測力を比較している。

次に後者の例としては，Richards and Hays (1998) がある。この研究では，相手の行動メカニズム（効用関数）がわからない状況で，単純なゲームを繰り返した時に，プレイヤーがどのように行動を決定していくかを実験とシミュレーションを用いて分析している。相手のアルゴリズムと効用関数がわからない状況下で，被験者はコンピュータと対戦を繰り返す実験をおこなう。そして，人が不確実性の下で自分の戦略を決定していく過程をモデル化し，シミュレーションによって作り出した仮想のデータと実験結果を統計解析し，両データの近似度を測定することによってモデルの妥当性を検証している。分析結果からリチャード (Richards) らは，人間は相手の行動メカニズムが不鮮明な場合，相手の過去の行動を見ながら相手の行動メカニズムを大まかに予想して，それに対する最適行動を選択すると述べている。

ここまで，シミュレーションの特徴や利点，モデル構築の際に留意すべき点や問題点，そして問題点を克服するための方法とその研究例について概観してきた。次に，ケン・コールマン（Ken Kollman）らによるシミュレーションモデルの分類を取り上げ，研究例について紹介する。

　Kollman, Miller and Page (2003) では，コンピュータを用いたモデリング及びシミュレーションを総称して Computational Models と呼び，モデル構築の方法や目的の違いによって以下3種類に分類している。

1. Simulation：従来のゲーム理論によるモデルなど，既に均衡が数理的に求められているモデルの振る舞い方や具体例を視覚的に見せるためにコンピュータを用いる。
2. Computation：ゲームの型や仮定する前提などはゲーム理論と同じであることが多く，モデル内のエージェントあるいはプレイヤーは原則同質であるが，複雑なモデルで数理的に均衡を求めることが困難な場合に，コンピュータを用いて均衡を求める。
3. Agent Based Model：異質な複数のエージェント，エージェントが存在する環境，エージェントの行動ルールを決め，エージェント同士の相互作用の結果，全体としてどのような状況が発生するかを観察，分析するためにコンピュータを用いる。必ずしも均衡があるとは限らず，あっても非常に不安定な場合が多い（Kollman et al., 2003: 2-5）。

　上記3種類のモデルのうち，政治学でよく用いられているのは Computation と Agent Based Model（以下 ABM）である。ABM はマルチエージェントモデリングとも呼ばれており，このモデルのシミュレーションのことをマルチエージェントシミュレーションと呼んでいる（山影，2007）。ABM は他のモデルと比べて，異質なエージェントやエージェントと環境（あるいはモデル内の社会）との相互作用を許容している点でモデリングの自由度が高く，シミュレーションも複雑になる傾向がある。

　ABM を用いた研究としては，上述した繰り返し囚人のジレンマゲームモデルや分居モデルのほかに，ハックフェルト（Huckfeldt）らによるソーシャルネットワーク研究なども挙げられる（Johnson and Huckfeldt, 2005）。また，先にあげた Laver (2005) やコールマンらによる有権者の選

好と政党の政策位置に関するモデルも，ABM を用いて構築されている (Kollman, Miller and Page, 2000)。一方，Computation を用いた研究としては上述した Bendor, Diermeier, and Ting (2003) や Fowler (2007)，Macdonald, Rabinowitz and Listhaug (2007) や Richards and Hays (1998) が挙げられる。

B．実験1「インターネットによる会社員の政治意識調査」の概要と質問項目

調査概要	
調査期間	2007年8月24日－2007年8月27日
調査対象	全国20歳－65歳の会社員（男女）
調査依頼数	2,533
有効回答数	1,071
回答完了数	1,092
回収率	43.1%
回答時間中央値	2分57秒
回答時間平均値	8分39秒

質問文：あなたは，先月行われた参議院選挙では投票に行きましたか。また，参議院選挙には，都道府県単位の選挙区と全国単位の比例区がありますが，比例区ではどの政党（あるいは政党の候補者）に投票しましたか。（回答は1つ）

2007年参院選での投票先	度数	%
自民党	129	12.0
民主党	448	41.8
公明党	31	2.9
共産党	35	3.3
社民党	20	1.9
国民新党	11	1.0
新党日本	18	1.7
その他の政党	15	1.4
投票には行かなかった／行くことができなかった	275	25.7
その他（白票・覚えていない，答えたくないなど）	89	8.3
投票率（その他含む）		66.0
投票率（その他除く）		71.9

質問文：次のA－Dについて，あなたはどのくらいあてはまると思いますか。それぞれ1つお選びください。（回答は横の行ごとに1つずつ）

IDPGを測定する質問項目（実験前，党派IDも同じ質問文を用いた）	n	強くそう思う	ある程度そう思う	あまりそうは思わない	全くそうは思わない	わからない
A．メディアなどが会社員のことについて批判しているのを聞くと，困惑したり，腹を立てたりする。	1,071	68	390	462	106	45
	100.0	6.3	36.4	43.1	9.9	4.2
B．会社員のことについて悪く言われると，あなた自身のことが悪く言われているように感じる。	1,071	38	263	526	219	25
	100.0	3.5	24.6	49.1	20.4	2.3
C．自分には，会社員の典型的な特徴が多くある。	1,071	31	279	521	170	70
	100.0	2.9	26.1	48.6	15.9	6.5
D．会社員全般にとっての成功は，自分にとっての成功でもある。	1,071	30	196	524	275	46
	100.0	2.8	18.3	48.9	25.7	4.3

質問文：次のA，Bについて，あなたはどのくらいあてはまると思いますか。
それぞれ1つお選びください。

IDPGを測定する質問項目（実験後）	n	強くそう思う	ある程度そう思う	あまりそうは思わない	全くそうは思わない	わからない
A．他の人が会社員のことについてどのように考えているのか，とても興味がある。	1,071 100.0	24 2.2	206 19.2	513 47.9	289 27.0	39 3.6
B．自分は典型的な会社員のように考えたり行動したりする。	1,071 100.0	11 1.0	203 19.0	519 48.5	266 24.8	72 6.7

アイデンティティ強度の比較		度数	最小値	最大値	平均値	標準偏差
自民党派	PID強度（実験前）	215	0	12	2.79	2.31
	会社員ID強度（実験前）	216	0	12	4.77	2.31
	PID強度（実験後）	213	0	6	1.62	1.23
	会社員ID強度（実験後）	210	0	6	2.04	1.23
民主党派	PID強度（実験前）	318	0	12	3.08	2.33
	会社員ID強度（実験前）	317	0	12	4.79	2.25
	PID強度（実験後）	317	0	6	1.87	1.25
	会社員ID強度（実験後）	304	0	6	2.17	1.24
公明党派	PID強度（実験前）	31	0	12	4.35	3.62
	会社員ID強度（実験前）	31	2	10	5.00	2.03
	PID強度（実験後）	30	0	6	2.33	1.49
	会社員ID強度（実験後）	29	0	6	2.28	1.33
共産党派	PID強度（実験前）	42	0	6	2.86	2.03
	会社員ID強度（実験前）	42	0	12	4.69	2.53
	PID強度（実験後）	43	0	6	1.84	1.27
	会社員ID強度（実験後）	43	0	5	2.09	1.36

C．実験1で回答者に割り当てた画面

自民党派アイデンティティ情報（ID 刺激群）
「次の円グラフは職業別の自民党派の有権者の割合を示したものです。このグラフから読み取れることは以下のA−Dのうちどれでしょうか，1つお選びください。」

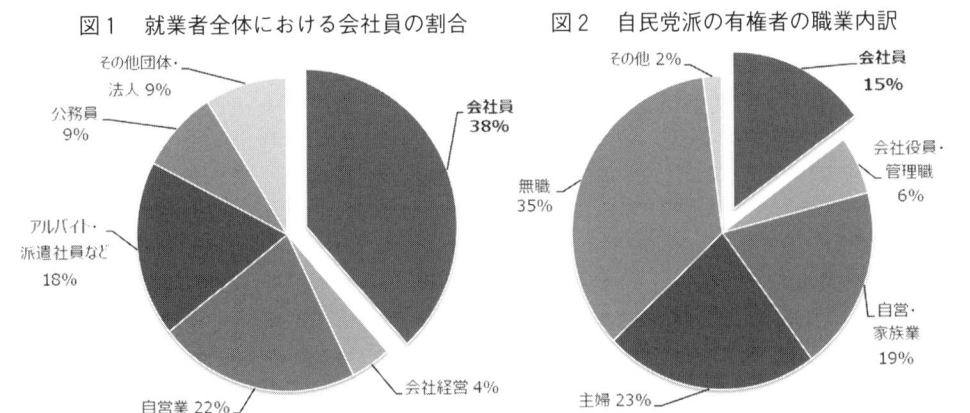

図1　就業者全体における会社員の割合　　図2　自民党派の有権者の職業内訳

出典：総務省統計局『就業構造基本調査』（平成14年）　　出典：21世紀日本人の政治・社会意識調査（平成17年）

A．会社員が全体に占める割合は，就業者全体，自民党派のいずれにおいても最大である。
B．就業者全体における公務員の割合は，会社員の割合と同じくらいに大きい。
C．自民党派の有権者に占める割合が大きいのは順番に，無職＞主婦＞自営業＞その他＞会社役員・管理職＞会社員である。
D．就業者全体における会社員の割合は最も多く，4割程度である一方，自民党派の有権者における会社員の割合は15％であり，自営・家族業の割合よりも低い。

［回答後表示］
先ほどのグラフから読み取れることと，その補足事項は以下のとおりです。
世論調査によると，自民党支持者は自営業者，農林水産業従事者，経営者などによって構成されています。小泉内閣以降，会社員の割合も増えてはきましたが依然として1割強にとどまっています。

民主党派アイデンティティ情報（ID 刺激群）

「次の円グラフは職業別の民主党派の有権者の割合を示したものです。このグラフから読み取れることは以下Ａ－Ｄのうちどれでしょうか，１つお選びください。」

図１　就業者全体における会社員の割合

その他団体・法人 9%
公務員 9%
アルバイト・派遣社員など 18%
自営業 22%
会社経営 4%
会社員 38%

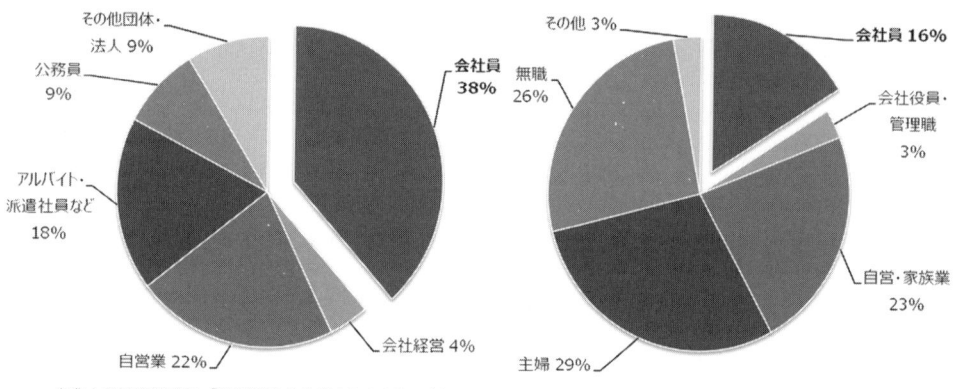

出典：総務省統計局『就業構造基本調査』（平成14年）

図２　民主党派の有権者の職業内訳

その他 3%
会社員 16%
会社役員・管理職 3%
自営・家族業 23%
主婦 29%
無職 26%

出典：21世紀日本人の政治・社会意識調査（平成17年）

Ａ．会社員が全体に占める割合は，就業者全体，民主党派の有権者のいずれにおいても最大である。
Ｂ．就業者全体における公務員の割合は，会社員の割合と同じくらいに大きい。
Ｃ．民主党派の有権者に占める割合の大きさは順番に，無職＞主婦＞自営業＞その他＞会社員である。
Ｄ．就業者全体における会社員の割合は最も多く，４割程度である一方，民主党派の有権者における会社員の割合は18％であり，自営業・家族業の割合よりも小さい。

［回答後表示］

先ほどのグラフから読み取れることと，その補足事項は以下のとおりです。
世論調査によると，民主党派の有権者は主婦と自営業・家族業で約５割が占められており，無職の有権者も３割弱とかなり多い一方で，会社員が占める割合は２割に満たない状況です。

D．実験2「世論と意思決定に関する調査」の概要と質問項目

■調査概要
・調査実施者：荒井紀一郎（早稲田大学），河野勝（早稲田大学），
　　　　　　村上剛（UBC）

・調査期間：2011年1月20日〜26日

・委託調査会社：株式会社日経リサーチ

・研究助成：文部科学省特定領域研究 「政治制度の選択と機能分析」
　（＃19046004）研究代表者：肥前洋一（北海道大学大学院経済学研究科・准教授），領域研究代表者：西条辰義（大阪大学社会経済研究所・教授）

・標本抽出：総務省の『住民基本台帳に基づく人口，人口動態及び世帯数』（平成21年3月31日現在）に従い，全国6地域（北海・東北，関東，北陸・信越・東海，近畿，中国，九州・沖縄）別に20歳〜60歳台までの男女・年齢層別人口比率を考慮し，合計回答者数が3,000人になるよう各層に目標数を割り当てる。性別・年代別の回答率を考慮した上で，各層ごとに目標値を達成するための抽出人数を設定後，日経リサーチ社が保有する「日経リサーチアクセスパネルモニター」のうち，年齢条件（20−70歳）に該当する162,368人の中から層化無作為抽出した。

・回答率：20.74％（3260/15716）

■調査項目等
回答開始・終了時間

	度数	最初の回答時間	最後の回答時間
[time_start]	3,260	2011/1/20 22：00	2011/1/26 9：52
[time_end]	3,260	2011/1/20 22：04	2011/1/26 9：57

回答時間

[total_time_minutes]	度数	平均時間	最短時間	最長時間
	3,260	16.74	0.367	1364.7

Q1. まず，あなたの性別をお教えください。

[q1_gender]	度数	%
1. 男性	1,654	50.74
2. 女性	1,601	49.11
3. 答えたくない	5	0.15
合計	3,260	100.0

Q2. あなたの年齢を以下のボックスに2ケタの数値を半角で入力してください。答えたくない場合には99と入力してください。

[q2_age]	度数	平均値（回答拒否除く）	最低値	最高値（回答拒否除く）
	3,260	44.07	20	70

Q3. 今，「必ず（100％の確率で）50万円が当たるチケット」と「50％の確率で100万円が当たるチケット」のどちらか1枚をもらえるとします。あなたなら，どちらのチケットを選ぶでしょうか。

[q3_ticket]	度数	%
1. 必ず（100％の確率で）50万円が当たるチケット	3,058	93.8
2. 50％の確率で100万円が当たるチケット	202	6.2
合計	3,260	100.0

Q4. あなたは政治に関心がありますか，それともありませんか。この中から1つだけお選びください。

[q4_pinterest]	度数	%
1. 関心がある	924	28.34
2. ある程度関心がある	1,719	52.73
3. あまり関心がない	503	15.43
4. 関心がない	105	3.22
5. 答えたくない	9	0.28
合計	3,260	100.0

Q5. 政治的立場を表すのに，保守的，革新的などという言葉が使われます。0が革新的，10が保守的だとすると，あなたの政治的立場は，どこにあたりますか。以下の指標を使ってお答えください。

[q5_ideology]	度数	%
0（革新的）	87	2.67
1	51	1.56
2	245	7.52
3	526	16.13
4	440	13.5
5	496	15.21
6	316	9.69
7	379	11.63
8	281	8.62
9	72	2.21
10（保守的）	53	1.63
11．わからない	314	9.63
12．答えたくない	0	0
合計	3,260	100.0

Q6. 現在の日本では，満20歳以上の日本国民であれば選挙権を持つ有権者です。あなたは，今日の時点で有権者ですか。

[q6_eligible]	度数	%
1．はい	3,242	99.45
2．いいえ	18	0.55
合計	3,260	100.0

Q7. 国民と選挙や政治との関わり合いについて，次のような意見（a～f）があります。それぞれについてあなたのお気持ちをこの中から1つずつお選びください。

		そう思う	どちらかと言えばそう思う	どちらとも言えない	どちらかと言えばそう思わない	そうは思わない	わからない	合計
a．自分の支持している政党や候補者が勝つ見込みがないときには，投票してもむだである [q7a_nouse]	度数	196	479	479	755	1,293	40	3,242
	%	6.05	14.77	14.77	23.29	39.88	1.23	100.0
b．選挙では大勢の人々が投票するのだから，自分一人くらい投票しても，しなくても，どちらでもかまわない [q7b_novalue]	度数	102	390	391	756	1,574	29	3,242
	%	3.15	12.03	12.06	23.32	48.55	0.89	100.0
c．投票に行くことは有権者の義務である [q7c_oblig]	度数	1,555	934	336	162	233	22	3,242
	%	47.96	28.81	10.36	5	7.19	0.68	100.0
d．自分には政府のすることに対して，それを左右する力はない [q7d_nopower]	度数	559	950	815	537	343	38	3,232
	%	17.24	29.3	25.14	16.56	10.58	1.17	100.0
e．政治とか政府とかは，あまりに複雑なので，自分には何をやっているのかよく理解できないことがある [q7e_pincomp]	度数	361	1,115	710	602	430	24	3,242
	%	11.14	34.39	21.9	18.57	13.26	0.74	100.0
f．自分からみて非常に危険な法案が国会に提出された場合，国会だけに審議をまかさずに，自分でもいろいろな形で反対運動をして効果をあげることができる [q7f_peffec]	度数	216	770	1,043	658	384	171	3,242
	%	6.66	23.75	32.17	20.3	11.84	5.27	100.0

Q8. 政府のおこなっている政策について，10分野に分けておうかがいします。あなたはそれぞれについて，どの程度重要だと思っていますか。この中から1つずつお選びください。

		重要	やや重要	あまり重要ではない	重要ではない	わからない	合計
a．防衛・外交	度数	2,117	976	82	19	48	3,242
[q8a_security]	%	65.3	30.1	2.53	0.59	1.48	100.0
b．治安・社会秩序	度数	1,890	1,181	117	16	38	3,242
[q8b_sorder]	%	58.3	36.43	3.61	0.49	1.17	100.0
c．経済	度数	2,355	791	54	10	32	3,242
[q8c_econ]	%	72.64	24.4	1.67	0.31	0.99	100.0
d．福祉	度数	1,718	1,286	179	26	33	3,242
[q8d_welfare]	%	52.99	39.67	5.52	0.8	1.02	100.0
e．環境	度数	1,279	1,524	339	62	38	3,242
[q8e_environ]	%	39.45	47.01	10.46	1.91	1.17	100.0
f．教育	度数	1,799	1,224	162	22	34	3,242
[q8f_educ]	%	55.51	37.77	5	0.68	1.05	100.0
g．女性の社会進出	度数	546	1,521	889	207	79	3,242
[q8g_women]	%	16.84	46.92	27.42	6.38	2.44	100.0
h．地方自治	度数	977	1,650	462	79	74	3,242
[q8h_local]	%	30.14	50.89	14.25	2.44	2.28	100.0
i．移民・外国人受け入れ	度数	390	1,050	1,058	546	198	3,242
[q8i_immig]	%	12.03	32.39	32.63	16.84	6.11	100.0
j．少子化	度数	1,314	1,316	450	96	66	3,242
[q8j_lowbirth]	%	40.53	40.59	13.88	2.96	2.04	100.0

Q9. 日本に定住しようと思って日本に来る外国人は，増えた方がよいと思いますか，それとも減った方がよいと思いますか。以下から1つだけお選びください。

[q9_immig]	度数	%
1．かなり増えた方がよい	173	5.34
2．少し増えた方が良い	718	22.15
3．今くらいでよい	1,129	34.82
4．少し減った方が良い	479	14.77
5．かなり減った方が良い	336	10.36
6．わからない	399	12.31
7．答えたくない	8	0.25
合計	3,242	100.0

Q10. 日本に定住しようと思って日本に来る外国人について，以下のような意見があります。それぞれについてあなたはどう思われますか。以下から1つだけお選びください。

		そう思う	どちらかと言えばそう思う	どちらとも言えない	どちらかと言えばそう思わない	そうは思わない	わからない	答えたくない	合計
A．こうした外国人が増えれば，犯罪発生率が高くなる [q10a_crime]	度数	685	1,154	817	280	249	55	2	3,242
	%	21.13	35.6	25.2	8.64	7.68	1.7	0.06	100.0
B．こうした外国人は，日本人から仕事を奪っている [q10b_takejob]	度数	345	646	982	631	580	56	2	3,242
	%	10.64	19.93	30.29	19.46	17.89	1.73	0.06	100.0
C．こうした外国人は，日本社会にあまり馴染もうとしない [q10c_integ]	度数	233	451	1,018	782	631	125	2	3,242
	%	7.19	13.91	31.4	24.12	19.46	3.86	0.06	100.0

実験パート

<導入>

以下の文章をよく読んでください。次のページにこの文章に関連した質問があります。

今，政権与党の次のリーダーを選ぶ投票が，与党に所属している国会議員の間で行われているとします。この党首選挙には2人の候補者が立候補しており，選挙で勝利した候補者は次の内閣総理大臣となります。2人の候補者が重視している政策には，以下の点を除いてあまり違いがありません。

候補者A
少子高齢化が一層進む今後の日本社会においては，労働力が不足するので海外からの移民を積極的に受け入れるべきである。

候補者B
外国人労働者の増大は，日本人の雇用を奪うものであり，当面は単純労働を目的とする移民を受け入れるべきではない。

両候補者ともに，多くの国会議員に対して自分の陣営に加わるように説得を行っていて，自分に投票してくれた場合には，内閣や党の重要なポストに就けたり，次の国政選挙で優遇されたりするという約束をしています。投票日が近づくにつれて，次々と国会議員たちがどちらの候補者を支持するのかという態度を表明しています。「次のページ」を押すと，現在の党首選挙の情勢

についての情報を読むことができます。

・表示時間

	度数	平均値	最短時間	最長時間
[timeintro1_seconds]	3,235	33.97	0	2,946

＜実験群の割り当て＞

・実験集団割り当て

[exp1]	度数	%
実験集団1	252	7.77
実験集団2	273	8.42
実験集団3	252	7.77
実験集団4	267	8.24
実験集団5	285	8.79
実験集団6	268	8.27
実験集団7	276	8.51
実験集団8	288	8.88
実験集団9	288	8.88
実験集団10	279	8.61
実験集団11	253	7.80
実験集団12	261	8.05
合計	3,242	100.0

Q11. いま，あなたがこの党の国会議員で，現在の時点でどちらかの候補への支持を決めるとしたら，どちらを選びますか．

[q11_choice]	度数	%
1．候補者A	1,311	40.44
2．候補者B	1,931	59.56
合計	3,242	100.0

＜選挙結果の表示＞

以下の選挙結果を読み，次の質問にお答えください

投票日には，与党に所属する全ての国会議員による選挙で，候補者A／候補者Bが勝利しました．

□候補者Aの政策□

少子高齢化が一層進む今後の日本社会においては，深刻な労働力不足がおきるので，海外からの移民を積極的に受け入れる．

□候補者Bの政策□

移民の増加は，日本人の雇用を奪うものであり，当面，単純労働を目的とする

移民は受け入れない。

勝者は，AおよびBのどちらかを無作為に決定

[result_exp1]	度数	%
1．Aが勝利	1,596	49.23
2．Bが勝利	1,646	50.77
合計	3,242	100.0

<Q12～Q14は省略>

Q15．あなたは，選挙結果についてどう思いますか。以下の中から1つお選びください。

[q15_validr]	度数	%
1．納得できる結果である	662	20.42
2．どちらかといえば，納得できる結果である	1,116	34.42
3．どちらかといえば，納得できない結果である	782	24.12
4．納得できない結果である	425	13.11
5．わからない	257	7.93
合計	3,242	100.0

Q16．それでは，ここからはふたたび，現実の政治や社会について，あなたの意見をうかがいます。以下にあげる政治に関する3つの意見について，あなたはどのようにお感じになりますか。賛成でしょうか，反対でしょうか。それぞれについて，この中から1つずつお選びください。

		賛成	どちらかといえば賛成	どちらかといえば反対	反対	わからない	答えたくない	合計
a．政党があるからこそ，国民の声が政治に反映されるようになる。[q16a_partyrep]	度数	249	1,198	841	342	602	9	3,241
	%	7.68	36.96	25.95	10.55	18.57	0.28	100.0
b．選挙があるからこそ，国民の声が政治に反映されるようになる。[q16b_elecrep]	度数	1,319	1,504	159	59	191	9	3,241
	%	40.7	46.41	4.91	1.82	5.89	0.28	100.0
c．国会があるからこそ，国民の声が政治に反映されるようになる。[q16c_ditrep]	度数	421	1,340	680	200	590	10	3,241
	%	12.99	41.35	20.98	6.17	18.2	0.31	100.0

Q17. あなたは，日本の民主主義のあり方にどの程度満足していますか。この中から1つお選びください。

[q17_satdemoc]	度数	%
1. 満足している	66	2.04
2. ある程度満足している	987	30.44
3. やや不満である	1,248	38.49
4. 不満である	739	22.79
5. わからない	197	6.08
6. 答えたくない	5	0.15
合計	3,242	100.0

Q18. 選挙でどの政党に投票するかは別にして，ふだんあなたは何党を支持していますか。

[q18_party_supt]	度数	%
1. 民主党	501	15.45
2. 自民党	558	17.21
3. 公明党	50	1.54
4. 共産党	108	3.33
5. 社民党	47	1.45
6. みんなの党	249	7.68
7. 国民新党	15	0.46
8. その他の政党	21	0.65
9. 支持する政党はない	1,524	47.01
10. わからない	106	3.27
11. 答えたくない	63	1.94
合計	3,242	100.0

Q18-1. では，あなたは支持する政党の熱心な支持者ですか。それとも，あまり熱心な支持者ではありませんか。以下から1つだけお選びください。

[q18s1_supt_strength]	度数	%
1. 熱心な支持者である	175	11.3
2. あまり熱心な支持者ではない	1,309	84.51
3. わからない	53	3.42
4. 答えたくない	12	0.77
合計	1,549	100.0

＜Q19〜Q26は省略＞

Q27. 統計的な分析のため，あなた自身のことについてうかがいます。
a．あなたの職業を以下の中から1つお選び下さい。

[q27a_job]	度数	%
1. 会社員	1,145	35.32
2. 会社経営	61	1.88
3. 公務員	120	3.70
4. 自営業	244	7.53
5. 農林水産従事者	14	0.43
6. 教師	35	1.08
7. 団体職員	48	1.48
8. 主婦・主夫	650	20.05
9. 学生	226	6.97
10. アルバイト・パート	308	9.50
11. 無職	293	9.04
12. その他	83	2.56
13. 答えたくない	15	0.46
合計	3,242	100.0

b．あなたが最後に卒業した学校の種類を以下の中からお選び下さい。

[q27b_school]	度数	%
1. 小学校・中学校	33	1.02
2. 高等学校	786	24.24
3. 高等専門学校	84	2.59
4. 短期大学	346	10.67
5. 専門学校	236	7.28
6. 4年生大学	1,517	46.79
7. 大学院	198	6.11
8. その他	15	0.46
9. 答えたくない	27	0.83
合計	3,242	100.0

c．あなたが現在お住まいになっている都道府県をお選び下さい。

[q27c_pref]	度数	%	[q27c_pref]	度数	%
1. 北海道	191	5.9	24. 三重県	39	1.2
2. 青森県	30	0.9	25. 滋賀県	21	0.7
3. 岩手県	26	0.8	26. 京都府	60	1.9
4. 宮城県	73	2.3	27. 大阪府	245	7.6
5. 秋田県	16	0.5	28. 兵庫県	129	4.0
6. 山形県	28	0.9	29. 奈良県	47	1.5
7. 福島県	32	1.0	30. 和歌山県	15	0.5
8. 茨城県	35	1.1	31. 鳥取県	16	0.5
9. 栃木県	22	0.7	32. 島根県	18	0.6
10. 群馬県	15	0.5	33. 岡山県	79	2.4
11. 埼玉県	162	5.0	34. 広島県	73	2.3
12. 千葉県	131	4.0	35. 山口県	31	1.0
13. 東京都	426	13.1	36. 徳島県	17	0.5
14. 神奈川県	242	7.5	37. 香川県	21	0.7
15. 新潟県	51	1.6	38. 愛媛県	25	0.8
16. 富山県	32	1.0	39. 高知県	12	0.4
17. 石川県	36	1.1	40. 福岡県	144	4.4
18. 福井県	23	0.7	41. 佐賀県	12	0.4
19. 山梨県	18	0.6	42. 長崎県	33	1.0
20. 長野県	41	1.3	43. 熊本県	45	1.4
21. 岐阜県	45	1.4	44. 大分県	21	0.7
22. 静岡県	81	2.5	45. 宮崎県	26	0.8
23. 愛知県	285	8.8	46. 鹿児島県	40	1.2
			47. 沖縄県	25	0.8
			99. 答えたくない	7	0.2
			合計	3,242	100.0

Q28．あなたは，1年以上外国（日本以外の国）に滞在されたことはありますか？複数の国に滞在経験があり，その合計が1年以上である場合も「ある」とお答えください。

[q28_out_J_1yr]	度数	%
1. ない	2,911	89.29
2. ある	326	10.00
3. 答えたくない	23	0.71
合計	3,260	100.0

Q28-2. 外国への1年以上の滞在経験がある方におうかがいします。これまでの外国での滞在期間は合計すると何年くらいでしょうか。滞在された満年数を，半角数字でお答えください。お答えになりたくない場合には「99」と入力してください。

	度数	平均値（不適当な回答／回答拒否除く）	最低値（不適当な回答除く）	最高値（回答拒否除く）	無効回答（0年）	回答拒否
[q28fyears]	326	3.73	1	39	19	31

Q29. 日本国籍を有していても，日本には様々な民族的背景を持っている方が暮らしています。あなたご自身の民族的背景は，以下のどれに該当しますか。

[q29_ethnicity]	度数	%
1. 日本	3,173	97.33
2. 別の民族	29	0.89
3. 分からない	44	1.35
4. 答えたくない	14	0.43
合計	3,260	100.0

Q29-1. それでは，あなたの民族の名前を入力してください。答えたくない場合には「999」と入力してください。

あなたご自身の民族的背景：（　　　　　　　）

	度数	有効回答	無効回答（「日本」「日本人」）	回答拒否
[q28fnames]	29	13	5	11

Q30. 以下の民族的・文化的背景に関する文について，あなたご自身はどのように思いますか。それぞれ1つずつお選びください。

		そう思う	どちらかと言えばそう思う	どちらとも言えない	どちらかと言えばそう思わない	そうは思わない	わからない	答えたくない	合計
a．自分の民族集団に対して，強い帰属意識（アイデンティティ）を感じる。[q30a_sense_ethnic]	度数	647	1,224	781	295	167	137	9	3,242
	%	19.85	37.55	23.96	9.05	5.12	4.2	0.28	100.0
b．自分の民族集団に対して，強い愛着を感じる。[q30b_attach_ethnic]	度数	731	1,274	737	270	139	100	9	3,242
	%	22.42	39.08	22.61	8.28	4.26	3.07	0.28	100.0
c．もし選べるならば，他の民族集団に所属したいと思う。[q30c_diff_ethnic]	度数	46	165	632	699	1,580	128	9	3,242
	%	1.41	5.06	19.39	21.45	48.48	3.93	0.28	100.0

参考文献

日本語

荒井紀一郎．2006．「参加経験とその評価にもとづく市民の政治参加メカニズム」『選挙学会紀要』6号，5-24．

荒井紀一郎．2013．「有権者の投票参加メカニズム：強化学習モデルのシミュレーションと実証」河野勝編『新しい政治経済学の胎動　社会科学の知の再編へ』第5章 pp. 139-171．勁草書房．

荒井紀一郎・村上剛．2008．「有権者の2つの顔，『会社員』と『党派人』-複数の帰属意識間の葛藤がもたらす政治行動への影響-」2008年度日本選挙学会報告論文．

荒井紀一郎・村上剛・河野勝．2011．「実験で比較する経済と政治-「勝ち馬に乗る」合理性をめぐって-」『経済セミナー』661号 pp. 55-61．

池田謙一．2002．「2000年衆議院選挙におけるソーシャルキャピタルとコミュニケーション」『選挙研究』17号，5-18．

稲水伸行．2006．「マルチエージェントシミュレータを使ったゴミ箱モデルの再検討」『行動計量学』33巻2号，141-157．

岡田陽介．2003．「投票参加の要因としての社会関係資本」『政治学論集』16号，1-69．

鬼塚尚子．2000．「市民参加のジレンマ-市民組織の選挙活動におけるフリーライダーの発生-」『選挙研究』15号，139-151．

鬼塚尚子．2004．「集合的政治参加の心理的側面」『帝京社会学』17号，43-62．

鹿毛利枝子．2002a．「『ソーシャル・キャピタル』をめぐる研究動向（一）：アメリカ社会科学における三つの『ソーシャル・キャピタル』」『法学論叢』151巻3号，101-119．

鹿毛利枝子．2002b．「『ソーシャル・キャピタル』をめぐる研究動向（二）：アメリカ社会科学における三つの『ソーシャル・キャピタル』」『法学論叢』152巻1号，71-87．

蒲島郁夫．1988．『政治参加』東京大学出版会．

境家史郎．2013．「戦後日本人の政治参加」『年報政治学』2013-Ⅰ，236-255．

神信人・山岸俊男．1997．「社会的ジレンマにおける集団協力ヒューリスティックスの効果」『社会心理学研究』12巻3号，190-198．
豊田秀樹．2002．『項目反応理論　事例編―新しい心理テストの構成法』朝倉書店．
豊田秀樹．2005．『項目反応理論　理論編―テストの数理』朝倉書店．
豊田秀樹．2012．『項目反応理論　入門編』朝倉書店．
永雄総一．2008．「運動の制御」甘利俊一監修・田中啓治編『認識と行動の脳科学』第3章，79-121．
中谷美穂．2005．『日本における新しい市民意識　ニューポリティカル・カルチャーの台頭』慶應義塾大学出版会．
西澤由隆．2004．「政治参加の二重構造と『関わりたくない』意識― Who said I wanted to participate? ―」『同志社法学』296号，1215-1243．
春野雅彦・田中沙織・川人光男．2009．「政治的，組織的決定における報酬系の役割」『レヴァイアサン』44号，7-21．
平野浩．2002a．「社会関係資本と政治参加―団体・グループ加入の効果を中心に―」『選挙研究』17号，19-30．
平野浩．2002b．「政党支持概念の再検討」『学習院大学法学雑誌』38号，1-23．
星野崇宏・繁桝算男．2004．「傾向スコア解析法による因果効果の推定と調査データの調整について」『行動計量学』31号，43-61．
星野崇宏．2009．『調査観察データの統計科学：因果推論・選択バイアス・データ融合』岩波書店．
堀内勇作．2000．「フォーマルモデル」猪口孝・大澤真幸・岡沢憲芙・山本吉宣・スティーブン・R・リード（編）『政治学事典』弘文堂，933-934．
三船毅．2008．『現代日本における政治参加意識の構造と変動』慶應義塾大学出版会．
三宅一郎．1990．『政治参加と投票行動―大都市住民の政治生活』ミネルヴァ書房．
山田真裕．2004．「投票外参加の論理―資源，指向，動員，党派性，参加経験―」『選挙研究』19号，85-99．
羅一慶．2004．「ソーシャル・キャピタルと社会参加」第2回慶應義塾大学21 COE-CCC国際シンポジウム「多文化世界における市民意識の動態」プログラム報告論文．
リード，スティーブンR．2000．「政治参加」猪口孝・大澤真幸・岡沢憲芙・山本吉宣・スティーブン・R・リード（編）『政治学事典』弘文堂，

585-586.

渡部幹・船木由喜彦. 2008.「実験：それは比較すること」清水和巳・河野勝（編著）『入門政治経済学方法論』東洋経済新報社, 93-117.

山影進. 2007.『人工社会構築指南 artisoc によるマルチエージェント・シミュレーション入門』書籍工房早山.

英語

Arai, Kiichiro, and Kohno Masaru. 2007. "At the Nexus of Competition and Representation: Exploring Interaction between Elites' Outside Lobbying and Voters' Sense of Efficacy in Japan." Paper prepared for Modeling Power Relationships in Japanese Democracy at University of British Columbia.

Axelrod, Robert. 1984. *The Evolution of Cooperation*. NY: Basic Books.

Axelrod, Robert. 1997. *The Complexity of Cooperation: Agent-Based Models of Competition and Collaboration*. NJ: Princeton University Press.

Bendor, Jonathan, Daniel Diermeier, and Michael Ting. 2003. "A Behavioral Model of Turnout." *American Political Science Review* 97(2): 261-280.

Bendor, Jonathan, Daniel Diermeier, David A. Siegel, and Michael Ting. 2011. *A Behavioral Theory of Elections*. Princeton, N.J.: Princeton University Press.

Bendor, Jonathan, Terry M. Moe, and Kenneth W. Shotts. 2001. "Recycling the Garbage Can: An Assessment of the Research Program." *American Political Science Review* 95(1): 169-190.

Berelson, Bernard, Paul Lazarsfeld and William McPhee. 1954. *Voting*. Chicago: University of Chicago Press.

Billig, Michael, and Henri Tajfel. 1973. "Social Categorization and Similarity in Intergroup Behavior." *European Journal of Social Psychology* 3: 27-55.

Brunell, Thomas L. and John DiNardo. 2004. "A Propensity Score Reweighting Approach to Estimating the Partisan Effects of Full Turnout in American Presidential Elections." *Political Analysis* 12(1): 28-45.

Campbell, Angus, Philip Converse, Warren Miller and Donald Stokes. 1960. *The American Voter*. New York: Wiley.

Clarke, Harold D., and Alan C. Acock. 1989. "National Elections and Political Attitudes: The Case of Political Efficacy." *British Journal of Political Science* 19(4): 551-562.

Coleman, James S. 1990. *Foundations of Social Theory*. Mass.: Harvard University Press.

Davenport, Tiffany C. 2010. "Public Accountability and Political Participation: Effects of a Face-to-Face Feedback Intervention on Voter Turnout of Public Housing Residents." *Political Behavior* 32(3): 337-368.

Davenport, Tiffany C., Alan S. Gerber, Donald P. Green, Christopher W. Larimer, Christopher B. Mann, and Costas Panagopoulos. 2010. "The Enduring Effects of Social Pressure: Tracking Campaign Experiments Over a Series of Elections." *Political Behavior* 32: 423-430.

Dawes, Robyn M. 1980. "Social dilemmas." *Annual Review of Psychology* 31: 169-193.

Dawid, A. Philip. 1979. "Conditional independence in statistical theory." *Journal of the Royal Statistical Society. Series B* 41(1): 1-31.

Epstein, Joshua, M., and Ross A. Hammond. 2002. "Non-Explanatory Equilibria: An Extremely Simple Game with (Mostly) Unattainable Fixed Points." *Complexity* 7: 18-22.

Feddersen, Timothy J., and Wolfgang Pesendorfer. 1996. "The Swing Voter's Curse." *American Economic Review* 86: 408-424.

Fiorina, Morris. 1981. *Retrospective Voting in American National Elections*. New Haven: Yale Univ. Press.

Fowler, James. 2007. "Habitual Voting and behavioral Turnout." *The Journal of Politics* 68(2): 335-344.

Gains, Brian, James Kuklinski and Paul Quirk. 2007. "The Logic of the Survey Experiment Reexamined." *Political Analysis* 15(1): 1-20.

Gerber, Alan S., Donald P. Green, and Ron Shachar. 2003. "Voting May Be Habit-Forming: Evidence from a Randomized Field Experiment." *American Journal of Political Science* 47(3): 540-550.

Gerber, Alan S., Donald P. Green, and Christopher W. Larimer. 2008. "Social pressure and voter turnout: Evidence from a large-scale field experiment." *American Political Science Review* 102(1): 33-48.

Gilbert, Nigel, and Klaus G. Troitzsch. 1999. *Simulation for the Social Scientist*. Milton Keynes: Open University Press.

Gintis, Herbert. 2000. *Game Theory Evolving: A Problem-Centered Introduction to Modeling Strategic Interaction*. Princeton, N.J.: Princeton University Press.

Green, Donald P., and Alan S. Gerber. 2010. "Introduction to Social Pressure and Voting: New Experimental Evidence." *Political Behavior* 32: 331-336.

Green, Donald P. 2013. "Is Voting Habit Forming? New Theoretical Perspectives on a Growing Body of Evidence." Paper presented at the annual meeting of the American political science association.

Greene, Steven. 2002. "The Social-Psychological Measurement of Partisanship." *Political Behavior* 24(3): 171-197.

Greene, Steven. 2004. "Social Identity Theory and Party Identification." *Social Science Quarterly* 85(1): 136-153.

Huntington, Samuel P., and Joan M. Nelson. 1976. *No Easy Choice: Political Participation in Developing Countries*. Mass.: Harvard University Press.

Horvitz, Daniel G., and Donovan J. Thompson. 1952. "A Generalization of Sampling without Replacement from a Finite Universe." *Journal of the American Statistical Association* 47: 663-685.

Ikeda, Ken'ichi, Kobayashi, Tetsuro, and Maasa Hoshimoto. 2008. "Does political participation make a difference? The relationship between political choice, civic engagement and political efficacy." *Electoral Studies* 27: 77-88.

Imai, Kosuke. 2005. "Do Get-Out-The-Vote Calls Reduce Turnout? The Importance of Statistical Methods for Field Experiments." *American Political Science Review* 99(2): 283-300.

Johnson, Paul E. 1999. "Simulation Modeling in Political Science." *American Behavioral Scientist* 42(10): 1509-1530.

Johnson, Paul E. and Robert Huckfeldt. 2005. "Agent-Based Explanations for the Survival of Disagreement in Social Networks." in Alan S. Zuckerman (Eds). *The Social Logic of Politics*. PA: Temple University Press.

Kanazawa, Satoshi. 1998. "A Possible Solution to the Paradox of Voter Turnout." *The Journal of Politics* 60(4): 974-995.

Kollman, Ken, John H. Miller, and Scott Page. 1998. "Political Parties and Electoral Landscapes." *British Journal of Political Science* 28: 139-158.

Kollman, Ken, John H. Miller and Scott E. Page. 2003. *Computational Models in Political Economy*. Mass.: MIT Press.

Krupnikov, Yanna. 2013. "The Effects of Information About the Voting Process on Voter Turnout: A Field Experiment." Paper presented at the annual meeting of the American political science association.

Larimer, Christopher W. 2009. "Does election type have an impact on the effectiveness of social pressure appeals to voting? Evidence from a field experiment." Paper presented at the annual meeting of the midwest political science association.

Lau, Richard R. and David P. Redlawsk. 2006. *How Voters Decide: Information Processing during Election Campaigns*. Mass.: Cambridge University Press.

Laver, Michael. 2005. "Policy and the Dynamics of Political Competition." *American Political Science Review* 99(2): 263-281.

Lazarsfeld, Paul, Bernard Berelson and Hazel Gaudet. 1944. *The People's Choice*. New York: Columbia University Press.

Levi, Margaret, and Laura Stoker. 2000. "Political Trust and Trustworthiness." *Annual Review of Political Science* 3: 475-507.

Levine, David K., and Thomas R. Palfrey. 2007. "The Paradox of Voter Participation? A Laboratory Study." *American Political Science Review* 101: 143-158.

Lipset, Seymour Martin and Stein Rokkan. 1967. "Cleavage Structure, Party Systems and Voter Alignments." in Seymour Martin Lipset and Stein Rokkan (Eds). *Party Systems and Voter Alignment*. pp.1-64. New York: Free Press.

Long, Scott J. 1997. *Regression Models for Categorical and Limited Dependent Variables*. CA: SAGE Publications.

Lupia, Arthur, and Mathew D. McCubbins. 1998. *The Democratic Dilemma: Can Citizens Learn What They Need to Know?*. Mass.: Cambridge University Press.

Macdonald, Stuart, Rabinowitz, George and Ola Listhaug. 2007. "Simulating Models of Issue Voting." *Political Analysis* 15: 406-427.

Mann, Christopher B. 2010. "Is there backlash to social pressure? A large-scale field experiment on voter mobilization." *Political Behavior* 32(3): 387-407.

Mael, Fred, and Lois Tetrick. 1992. "Identifying Organizational Identification." *Educational and Psychological Measurement* 54: 813-24.

Milbrath, Leaster W. 1965. *Political Participation*. Chicago: Rand McNally.

Milbrath, Leaster W., and M. L. Goel. 1977. *Political Participation*, 2nd ed. Chicago: Rand McNally.

Niemi, Richard G, and Herbert F. Weisberg. 2001. *Controversies in Voting Behavior*, 4th ed. Washington: CQ Press.

Murakami, Go, Kiichiro Arai, and Masaru Kohno. 2011. "Jump on the bandwagon, if it has a momentum: A momentum effect in voting behavior." paper prepared for the Comparative & Canadian Politics Workshop at the Department of Political Science, the University of British Columbia.

Murakami, Go, Kiichiro Arai, and Masaru Kohno. 2012. "Jump on the bandwagon, if it has a momentum: A momentum effect in voting behavior." paper presented at the Annual Conference of the Midwest Political Science Association.

Pattie, Charles, Patrick Seyd, and Paul Whiteley. 2004. *Citizenship in Britain Values, Participation and Democracy.* Cambridge: Cambridge University Press.

Plutzer, Eric. 2002. "Becoming a Habitual Voter: Inertia, Resources, and Growth in Young Adulthood." *American Political Science Review* 96(1): 41-56.

Putnam, Robert D. 1993. *Making Democracy Work: Civic Traditions in Modern Italy.* Princeton, N.J.: Princeton University Press.

Putnam, Robert D. 1995. "Bowling alone: America's declining social capital." *Journal of democracy* 6(1): 65-78.

Richards, Diana, and Jude C. Hays. 1998. "Navigating a nonlinear environment: An experimental study of decision making in a chaotic setting." *Journal of Economic Behavior & Organization* 35(3): 281-308.

Riker, William and Peter Ordeshook. 1968. "A theory of the calculus of voting." *American Political Science Review* 62: 28-42.

Rosenbaum, Paul R. 1987. "Model-Based Direct Adjustment." *Journal of the American Statistical Association* 82: 387-394.

Rosenbaum, Paul R., Donald B. Rubin. 1983. "The Central Role of the Propensity Score in Observational Studies for Causal Effects." *Biometrika* 70: 41-55.

Rosenstone, Steven J. and John M. Hansen. 1993. *Mobilization, Participation, and Democracy in America.* New York: Macmillian Publishing Company.

Rubin, Donald B. 1978. "Bayesian Inference for Causal Effects: The Role of Randomization." *Annals of Statistics* 7: 34-58.

Rubin, Donald B. 1985. "The Use of Propensity Score in Applied Bayesian Inference." in J. M. Bernardo, M. H. DeGroot, D. V. Lindley, and A. F. M. Smith (Eds.) *Bayesian Statistics 2.* pp.463-472. North-Holland: Elsevier Science Publisher B. V.

Schelling, Thomas C. 1978. *Micromotives and Macro behavior.* W. W. Norton & Company.

Shingles, Richard D. 1981. "Black Consciousness and Political Participation: The Missing Link." *American Political Science Review* 75(1): 76-91.

Simon, Herbert A. 1985. "Human Nature in Politics: The Dialogue of Psychology with Political Science." *American Political Science Review* 79(2): 293-304.

Tajfel, Henri. 1982. "Social Psychology of Intergroup Discrimination." *Scientific*

American 223: 96-102.

Tenn, Steven. 2007. "The Effect of Education on Voter Turnout." *Political Analysis* 15: 446-464.

Theiss-Morse, Elizabeth and John R. Hibbing. 2005. "Citizenship and Civic Engagement." *Annual Review of Political Science* 8: 227-49.

Verba, Sidney, Kay Lehman Schlozman, and Henry E. Brady. 1995. *Voice and equality: civic voluntarism in American politics*. Mass.: Harvard University Press.

Verba, Sidney, and Norman H. Nie. 1972. *Participation in America: Social Equality and Political Democracy.* New York: Harper & Row.

Wielhouwer, Peter W. 2009. "Religion and American Political Participation." In *The Oxford Handbook of Religion and American Politics*, Eds. Corwin E. Smidt, Lyman A. Kellstedt, and James L. Guth. New York: Oxford University Press.

あとがき

　本書は，筆者の博士論文「参加のメカニズム―民主主義に適応する市民の動態」を大幅に加筆，修正したものである。博士論文の執筆と本書における加筆，修正のプロセスでは，数多くの方々からのご指導と助言をいただくことができた。お世話になった全ての方々に改めて深く感謝申し上げる。

　本書のベースとなった博士論文は，主査として河野勝先生，副査として田中愛治先生とスティーブンR．リード先生に審査いただいた。3人の先生方はそれぞれ，博士後期課程，修士課程，そして学部における指導教授となってくださり，河野先生と田中先生からは5年間，リード先生にいたっては9年間もの長きにわたり本当に熱心なご指導を賜った。

　はじめてリード先生から指導を受けたのは学部1年の基礎演習のときで，当時の筆者はどちらかというと国際政治に関心があり，「『政治学でアメリカ人の教授』なのだから，きっと国際的なことをやっているんだろう。」と，今から考えるととんでもない勘違いをして研究室を訪れてしまった。初回の授業で，「アメリカの大統領選挙はまったく興味がありません。今，面白いのは群馬3区です。」とおっしゃった時の衝撃は今でも覚えている。政策系の学部だったこともあり，授業も学生同士の議論も規範的なものが多かった中で，仮説をたてて検証するという実証研究の面白さと科学的に考えることの魅力を知ることができたのは，リード先生のおかげであった。

あとがき　179

　筆者が本格的に政治学，特に政治過程論・政治行動論について学び始めたのは，学部を卒業後，大学院の修士課程に進学してからであった。当時，デュヴェルジェの法則とM+1ルールとSPSSでの回帰分析のやり方しか知らなかった筆者は，田中先生の研究指導と講義の内容についていくだけで必死だった。政治参加を研究テーマにできたのは，田中先生の下で有権者の意識や行動に関する理論を学ぶのと同時に，分析に欠かせない世論調査や調査データの扱い方をたたき込まれたからに他ならない。

　そして，河野先生から指導を受け始めたのは，筆者が修士2年目のときからであった。この年から田中先生が在外研究で1年間米国に滞在されることになり，修士論文の指導を河野先生にお願いすることになったのである。河野先生からは個別の分析についてはもちろんだが，それ以上に，論文の構成やその分野における自身の論文の位置づけ方といった研究上の戦略，研究のあり方について本当に丁寧なご指導を賜った。河野先生の研究指導に参加させていただくことによって，当時，"星がつく"，もっといえば"星をつける"ことで満足しがちだった筆者が，分析結果からどのような知見が導かれるのか，その知見が学界にとってどのような貢献となりうるのか，そして，それが読み手に伝わるためにはどう書けばよいのかといった，いいかえれば，なぜその研究が重要なのかということを意識しはじめることができたのである。

　もう一つ，筆者が河野先生の下で学ぶことができたものを取りあげたい。修士課程を修了後，博士後期課程に進むと，河野先生が関わっている様々なプロジェクトに参加させていただく機会が多くなった。筆者は，これまでにまったく関心のなかった様々な分野で（本当に）多くの分析作業をおこなうことになったのだが，こうしたことを通じて得られた異なる分野の理論やモデル，あるいは新たな手法は，そのほとんどが最終的に自身の研究に活かされることになった。河野先生のおかげで筆者の視野は（半ば強制的に）広げられ，そのことが筆者自身の研究の進展にも大きくつながったのである。

　こうして筆者は3人もの指導教授に恵まれ，リード先生からは「どう

考えるか」を，田中先生からは「何を考えるか」を，そして河野先生からは「なぜ考えるのか」を学ぶことができたと思っている。指導の方針や研究に対する姿勢，あるいは評価の基準などについては当然異なる部分もあったものの，3人の先生方には2つの共通点があった。1つは，3人とも非常に負けず嫌いなことで，どの先生からも「まだ，若い奴らには負けていない。」という台詞を今でもよく聞く。以前，リード先生が「弟子の最大の貢献は師匠を超えることです。」とおっしゃっていたのを覚えているが，超えるべき山の高さが今でも徐々に上がってきていることを実感することも多い。もう1つの共通点は，非常に幅広い分野にわたる様々な研究を面白がれることである。緊張状態で分析結果や原稿をもって研究室を訪ね，先生方から「これは，面白いよ。」といっていただけたときの安堵感は，今でも忘れられない。この2つは，学生を指導する立場となった現在の筆者にとっての指針にもなっている。

　本書を完成させるにあたっては，指導教授の他にも多くの先生方から様々なアドバイスをいただくことができた。平野浩先生には，田中先生が在外研究の間，修士論文の副査としてご指導くださり，博士論文にも非常に多くのコメントをいただいた。久米郁男先生，西澤由隆先生からも，合同指導や学会，あるいはワークショップなどの場でご指導いただいた。久米先生と西澤先生が柔らかい関西弁でおっしゃられる質問やコメントは，いつも筆者にとってその研究で一番「痛い」部分に関するものであった。

　また，様々なプロジェクトで一緒に研究させていただいている日野愛郎先生と今井亮佑先生にも感謝申し上げる。研究室が同じ階にある日野先生は，いつも筆者の愚痴を聞いてくださりつつ，若手研究者の生き残り方を身をもって示していただいた。また，今井先生は，博士論文からの修正と加筆をおこなっていく過程で何度も草稿に目を通してくださり，その度に本当に多くの助言やコメントをいただいた。

　学部生時代の同期や田中愛治研究室，河野勝研究室の仲間達にも謝意

を表したい。学部生の頃からの友人である三好明氏と牛膓浩隆氏は，おそらくは面倒くさい部類に入ったであろう学生時代の筆者に我慢強く付き合っていただいた。彼らがいなければ，今の筆者は存在しなかったかもしれない。また，同じく柏謙介氏と永浜敏光氏には，近年，筆者の健康管理に協力いただいている。そして，田中研究室の先輩である遠藤晶久氏，同期の中村亮介氏，後輩の山崎新氏にも本当にお世話になった。特に，回帰分析のやり方は知っていてもクロス表の作り方は知らなかった修士1年目の筆者に対して，サーベイデータの分析手法を手取り足取り教えてくださったのは，遠藤，中村両氏であった。河野研究室で共に学び，現在は実社会で活躍している山口総一郎氏，川野陽介氏，網代誠悟氏は，西川泰弘氏とともにアカデミックな世界と現実社会とを結びつけてくれる筆者にとって数少ない友人である。全ての方々に改めて感謝申し上げる。

そして，もっとも信頼できる研究仲間である三村憲弘氏と村上剛氏には最大限の感謝をしなければならない。2人は筆者にとってはじめての共同研究者であり，かけがえのない存在である。彼らがいなければ，研究者としての道を選ぶことはなかった。期せずして，3人とも同じ時期に新たなステップに立つことになったが，やり残している研究もあるので今後とも率直な議論ができる関係であり続けたいと思っている。

本書を何とか出版することができたのは，木鐸社の坂口節子様にご尽力いただいたからに他ならない。1年以上にわたって筆者を叱咤激励し続けてくださったにもかかわらず，なかなか期日どおりにことが進められない筆者は多大なるご迷惑をおかけしてしまった。この場をお借りして，心よりの感謝とともに深くお詫び申し上げる。

最後に，ここまで筆者を様々に支えてくれた家族にも改めて感謝の意を伝えたい。両親はいつも辛抱強く筆者を支援してくれ，また，どんなときでも温かく見守ってくれた。2人の弟達のうち，勇紀は筆者にとってもはや人生の先輩となってしまい，麻衣とともに筆者のナビゲーターとなってくれている。そしてもう1人の弟で，研究者としての道を進み

つつある雅貴は，研究分野はまったく異なるものの筆者のよき相談相手となってくれている。もちろん，とびっきりの笑顔で筆者の悩みやストレスを一瞬で消し去ってしまう甥の公貴と姪の七海にも深く感謝したい。

　本書の出版にあたり，平成25年度日本学術振興会科学研究費補助金（研究成果公開促進費「学術図書」）の交付を受けた。

　2014年1月

荒井紀一郎

索引

ア行

アテイナビリティ（attainability） 55, 65, 148
池田謙一 21, 22, 44
因果効果 15, 26, 86, 101-104, 106, 108
ヴァーバ（Verba, Sidney） 20, 43, 112, 138
エージェントベースドモデル 10, 12, 151
エリート民主主義理論 137, 142, 143
オーデシュック（Ordeshook, Peter） 51, 52

カ行

蒲島郁夫 18, 20-21, 42, 137-138, 142
ガーバー（Gerber, Alan） 46, 75
帰属意識 17-18, 107, 109-118, 121-123, 134, 141-143, 169
期待効用 42, 51-52, 54, 56-57, 59, 61, 78, 81-82, 84, 86, 140
忌避態度 10, 36-37, 48-49, 62
気まぐれな投票者（Casual Voter） 60, 135, 142-143
キャンベル（Campbell, Angus） 112
強化学習 9, 16-18, 57-87, 104, 107, 109-112, 123-124, 134, 137, 139-140, 143-145
協力行動 13-14, 56, 139
グリーン（Green, Donald） 47, 111
傾向スコア 101-104, 144
経済学的モデル（アプローチ） 10-11, 41-42, 48, 51-52, 61, 139
献金 21, 23, 29, 31-32, 35-36, 38, 88-89, 105
後援会 16, 24, 29, 31, 35-36, 38, 88, 90, 105, 112
公共財 13, 53, 56
項目特性曲線 30-31
項目反応理論 24, 28, 30, 32, 40, 139
合理選択理論 52, 54, 56, 59
互恵性 13
困難度 28-30, 32
コンバース（Converse, Philip） 112
コールマン（Kollman, Ken） 55, 65, 151

サ行

参加経験 12, 17, 21-28, 32, 37-43, 49-50, 85-91, 94-97, 100-103, 106, 139-141
参加経験に対する評価 17, 38-39, 50, 90-91, 95-97, 101
参加受容度 36-40, 48-50, 62
参加民主主義理論 137-138, 142
識別力 28-30, 32
繁桝算男 102-104
実験 9, 11-12, 15, 17, 46-47, 51, 55, 58, 60, 75, 102, 107-134, 140-144, 149-150, 153-157, 162-163
シミュレーション 9, 10, 12, 55, 59-61, 64-66, 147-152
社会学的モデル（アプローチ） 10, 41-42, 46, 50, 55, 61-62, 139
社会関係資本（ソーシャル・キャピタル） 12, 14, 38, 40-41, 43-45
社会規範 13-14, 46
社会経済的地位 41-43, 57, 75, 103
社会集団 10, 17-18, 49, 107, 109-114, 122, 134, 141
社会的アイデンティティ 17, 113, 137, 145
社会的圧力 46-47, 55
社会的ジレンマ 12-14, 51, 53, 139
集会への参加 23-24, 29-32, 34-36, 38, 49, 88-89, 105, 109
習慣的投票（者） 57-58, 60-61, 64, 68, 71, 74-75, 77-78, 83-84, 101, 106, 108, 124, 135, 142-143
所属集団 10, 17, 41, 107, 110, 112
署名 9, 23-24, 29-31, 34-36, 38, 44, 88, 105
心理学的モデル（アプローチ） 11, 15, 41, 43, 48-50, 58, 61-62, 139
政治的有効性感覚 10, 20, 38, 41, 43, 48-49, 61, 86, 105, 107, 125
選挙運動 20-21, 23-24, 29-31, 35-38, 40, 45, 56, 88-89

タ行

適応的な合理性（Adaptive Rationality） 12, 16, 59, 84
デモ 23-24, 29-38, 49, 88, 109, 144, 146
動員 10, 14-17, 19-26, 34-45, 49, 61, 86-109, 123, 139, 141
ドウズ（Dawes, Robyn） 13
党派集団 17, 111-112, 114, 118
投票義務感 41, 48, 54-55, 84
投票参加 11-18, 26, 44-47, 51-53, 56, 59-69, 71, 73, 75, 77-81, 83-86, 101, 104-107, 110, 119, 121-123, 140-141, 145, 150
投票参加のパラドックス（Downs Paradox, Paradox of Voter's Turnout） 11-13, 18, 52, 59
特性値 28, 30, 32-33
豊田秀樹 28, 30

ナ行

ナイ（Nie, Norman） 20, 43
西澤由隆 14, 22-24, 34, 37, 49-50, 92

ハ行

パットナム（Putnam, Robert） 43-45, 138
パブリックコメント 29, 31, 146
ハンチントン（Huntington, Samuel） 20

非同質性 86, 89, 93, 97, 100, 106
平野浩 22, 44, 118
ファウラー（Fowler, James） 58-74, 150
プラッツァー（Plutzer, Eric） 11, 14, 51, 57-58, 74, 140
ベンダー（Bendor, Jonathan） 52, 54, 62-67, 71-72, 152
ページ（Page, Scott） 55, 65, 151
星野崇宏 102-104

マ行

三船毅 18, 138, 142
ミラー（Miller, Warren） 112
ミラー（Miller, John） 65
ミルブレイス（Milbrath, Leaster） 23

ヤ行

山田真裕 14

ラ行

ライカー（Riker, William） 48, 51-53, 62, 64, 78, 140
ライカーとオーデシュックの投票参加モデル 51-53, 62, 64, 140
ルービン（Rubin, Donald） 102, 104

著者略歴

荒井紀一郎（あらい　きいちろう）

1980年　神奈川県生まれ
2004年　中央大学総合政策学部卒業
2009年　早稲田大学大学院政治学研究科　博士後期課程　単位取得退学
2010年　博士（政治学）（早稲田大学）
　　　　中央大学総合政策学部特任助教などを経て，2012年4月より早稲田大学政治経済学術院助教
論　文　"How did the Japanese Public React to Kim Jong Il's Death?"（共著）*International Relations of Asia-Pacific*. 13(1):125-153. 2013.
　　　　「政治的洗練性と態度の安定性」（共著）『選挙研究』第27巻1号 pp. 120-134. 2011年

参加のメカニズム：民主主義に適応する市民の動態

2014年2月25日　第1刷発行　ⓒ

著者との了解により検印省略	著　者	荒　井　紀　一　郎
	発行者	坂　口　節　子
	発行所	㈲ 木　鐸　社

〒112-0002　東京都文京区小石川 5-11-15-302
電話（03）3814-4195　　郵便振替　00100-5-126746番
ファクス（03）3814-4196　　http://www.bokutakusha.com/

印刷　㈱アテネ社／製本　高地製本

乱丁・落丁本はお取替致します

ISBN978-4-8332-2468-0　　C 3031

［シリーズ　21世紀初頭・日本人の選挙行動］（全3巻）
政治のリアリティと社会心理
池田謙一（東京大学文学部）
A5判・330頁・4000円（2007年）ISBN978-4-8332-2384-3 C3031
■平成小泉政治のダイナミックス
　　パネル調査JES3は21世紀初頭の小泉政権期をほぼカバーし，継続性と国際比較の標準調査項目とも一致するよう工夫してある。これらの普遍性・歴史性をふまえて，小泉政権の固有性を明確にし，更に投票行動の背景を検証する。

［シリーズ　21世紀初頭・日本人の選挙行動］
変容する日本の社会と投票行動
平野　浩（学習院大学法学部）
A5判・204頁・3000円（2007年）ISBN978-4-8332-2392-8 C3031
　　選挙とは，誰が議席につくのかをめぐって政党・候補者・有権者・利益団体・マスメディアなどが繰り広げるゲームである。それは資源の配分をめぐる「政治」というより大きなゲームの一部でもある。投票行動研究をどのようにその文脈のなかに位置づけることができるかを考えたもの。

［シリーズ　21世紀初頭・日本人の選挙行動］
制度改革以降の日本型民主主義
小林良彰（慶應義塾大学法学部）
A5判・336頁・3000円（2008年）ISBN978-4-8332-2402-4 C3031
　　55年体制における民主主義の機能不全は，選挙制度改革以降も解消されていない。本書はその原因を解明するもので，公約提示及び政策争点と有権者の投票行動の間の関連などを，制度改革の前後で具体的に比較し，期待される変化が生じたか否かを検証する。その精緻な分析手法は追随を許さない。

総選挙の得票分析：1958－2005
水崎節文・森　裕城著
A5判・230頁・3500円（2007年）ISBN978-4-8332-2394-2 C3031
　　本書は，55年体制成立以降の衆議院総選挙に焦点を当て，各政党およびその候補者の集票構造の特性を，全国の市区町村レベルにまで細分化された得票集計データを用いて分析したものである。本書の特色は，現在選挙研究の主流となっているサーベイ・データの分析ではなく，徹底したアグリゲート・データの分析によって，日本の選挙政治の把握を志向している点にある。

編集委員 飯田敬輔・大西裕・鹿毛利枝子・増山幹高

レヴァイアサン 52　2013年春

〔特集〕　変革期の選挙区政治　　　　　　菊判180頁税込2100円

小選挙区比例代表並立制と二大政党制 ―重複立候補と現職優位	増山幹高
「我田引鉄」再考	河村和徳
参院選における「政策バランス投票」	今井亮佑
同日選挙の効果 ―茨城県知事選挙と衆議院総選挙	山田真裕
選挙制度改革による立法行動の変容 ―質問主意書と議員立法	根元邦朗・濱本真輔

編集委員 飯田敬輔・大西裕・鹿毛利枝子・増山幹高

レヴァイアサン 53　2013年秋

〔特集〕　「一党優位制後」の比較政治学　　　菊判160頁税込2100円

民主党政権の失敗と一党優位政党制の弊害	上川龍之進
政権交代とカルテル政党化現象	三浦まり
メキシコにおける政権交代とその政治的・政策的帰結	高橋百合子
アメリカにおける多数党交代と議会内過程	待鳥聡史

《続刊》
レヴァイアサン 54　2014年春

第54号　外交と世論　　　　　　■定期購読が便利です

東京都文京区小石川5-11-15-302
〒112-0002　Tel(03) 3814-4195
fax(03) 3814-4196
http://www.bokutakusha.com/

日本選挙学会編

選挙研究 第29巻第1号　2013年

特集1　選挙制度の発生・伝播・受容（Ⅰ）
特集2　震災と選挙

激動の時代である今日こそ、選挙制度の根源に遡って選挙制度を考える
2011年3月11日の東日本大震災と、それをきっかけにした原発事故問題から派生したさまざまな「政治状況」に関連する特集

B5判140頁定価：本体3500円＋税

日本選挙学会編

選挙研究 第29巻第2号　2013年

特集1　選挙制度の発生・伝播・受容（Ⅱ）
特集2　政権交代以降の投票行動・政治意識

特集2は2009年に民主党に政権交代して3年余を経て2012年には自民・公明連立による安倍政権が成立した。46回総選挙における有権者の投票行動・政治意識を分析

B5判188頁定価：本体3500円＋税

■定期購読が便利です

東京都文京区小石川5-11-15-302
〒112-0002　Tel(03) 3814-4195
fax(03) 3814-4196
http://www.bokutakusha.com/

善教将大著
日本における政治への信頼と不信

　本書は政治への信頼を認知と感情に大別し、それがどのような意識か、どのように推移しているのか。それが低下するとどのような問題が生じるのか。さらに、その原因は何なのか。これらの問いに、政治意識調査を用いた実証分析を通じて答える。そうすることで認知と感情が代議制において果たす役割や日本の政治文化のあるべき姿について考察。

A5判300頁税込定価四二〇〇円

西村もも子著
知的財産権の国際政治経済学
国際制度の形成をめぐる日米欧の企業と政府

　国際経済を規律する制度の個々の規定内容はどのようにして決められているのか。実際の国際制度の内容は非常に多様であり、二分法や一枚岩的枠組みでは説明できない。本書は日米欧の先進国企業が、WTOの設立を受け、TRIPs協定の制定に向けて積極的に活動を始め、更に業界団体、政府を巻き込み制定に漕ぎ着けた政治過程を理論的に解明。

A5判340頁税込定価四二〇〇円

東京都文京区小石川5-11-15-302
〒112-0002　Tel(03) 3814-4195
fax(03) 3814-4196
http://www.bokutakusha.com/